Barbara Cratzius

Fröhliche Kindergartenfeste

Barbara Cratzius

FRÖHLICHE

KINDERGARTENFESTE

Die schönsten Ideen
für alle Anlässe im Jahreskreis

Mit vielen Illustrationen
von Gertrud Schrör

Herder Freiburg • Basel • Wien

Gedruckt auf umweltfreundlichem, chlorfrei gebleichtem Papier

Alle Rechte vorbehalten – Printed in Germany
© Verlag Herder Freiburg im Breisgau 1998

Umschlaggestaltung: Joseph Pölzelbauer, Freiburg
Umschlagfoto: © Ifa-Bilderteam
Fotos Innenteil:
S. 11: © Mauritius-Rosenfeld
S. 43: © Harmut W. Schmidt, Freiburg
S. 87: © Harmut W. Schmidt, Freiburg
S. 113: © Arnold Brunner, Horben
S. 135: © Peter Nielsen, Umkirch
OCR und Bildbearbeitung: Power DTP Laura C. Hartmann, Au
Satz: Elke Fox, Freiburg
Druck und Bindung: Freiburger Graphische Betriebe 1998

ISBN 3-451-26714-4

INHALT

WIR FEIERN FESTE

FESTE IM KINDERGARTEN

Neben den großen Festen im Jahreslauf wie Ostern und Weihnachten, die auch in der Familie besonders gefeiert werden, bietet das Kindergartenjahr viele Anlässe, gemeinsam zu feiern: kirchliche Feste, Jahreszeitenfeste, Begrüßungs- und Abschiedsfeiern und Geburtstage. Es sind Feste mit den Kindern der eigenen Gruppe, mit allen Kindern und den KollegInnen des Kindergartens sowie gemeinsam mit den Eltern.

Mein Buch gibt Ihnen praktische Anregungen für diese großen und kleinen Feste. Im ersten Kapitel finden Sie konkrete Hinweise für die Planung einer Feier. Den Rahmen für die nächsten vier Kapitel bilden die Jahreszeiten. Mit Ausnahme des Kapitels „Feste im Herbst", das mit der Begrüßung der Neuen beginnt, steht am Anfang jeweils ein jahreszeitlich bezogenes Fest. Es macht die Kinder in spielerischer Weise auf das Geschehen in der Natur und in ihrer Umwelt aufmerksam.

Darauf folgen Feste, die in dieser Jahreszeit Brauch sind, wie Erntedank, St. Martin, St. Nikolaus usw. Zudem gibt es Vorschläge für abwechslungsreiche Geburtstagsfeiern in der Gruppe. Das Kapitel „Feste im Sommer" wird von einem Abschiedsfest für die Schulanfänger abgeschlossen. Das letzte Kapitel des Buches beinhaltet drei Festvorschläge, die variabel eingesetzt werden können, z. B. als Motto für eine Jubiläumsfeier, für ein großes Frühlings- oder Sommerfest, für ein Abschlußfest usw.

Meine Anregungen verstehen sich nicht als unveränderliche Vorgaben. Im Gegenteil, Sie können und sollen die einzelnen Vorschläge, Ideen und Rezepte abwandeln und der jeweiligen Situation Ihrer Kindergruppe anpassen. Außerdem sind die meisten Spielvorschläge so variabel, daß Sie sie ohne weiteres zu einem anderen Anlaß als angegeben einsetzen können. So finden Sie beispielsweise im Kapitel „Sommerfest" viele Spielvorschläge, die

Sie auch gut bei einem Geburtstagsfest einsetzen können. Ideen aus den Kapiteln „Geburtstage" sind wiederum beim Sommerfest einsetzbar usw.

Lesen Sie mein Buch daher wie eine „Ideenkiste" für viele Gelegenheiten. Und nicht nur für Feste, sondern auch für einen lebendigen Kindergartenalltag. Wie oft ergibt sich eine Situation, in der ein bestimmtes Fingerspiel, ein Lied passen würde. Schmökern Sie in dem Buch und lesen Sie quer. So wird es Ihnen schon bald als unverzichtbares Nachschlagewerk für Lieder, Tänze, Spiele, Verse, Bastelarbeiten und Kochrezepte dienen.

Nur sollten Sie dieses Buch nicht zu sehr für den Alltag „ausschlachten." Feste sind für Kinder immer etwas Besonderes, auf das sie sich freuen. Das Besondere unterscheidet sich vom Alltag. Wir sollten nicht den Fehler begehen, die Kinder tagtäglich mit irgendwelchen Aktionen und Projekten zu konfrontieren. Die Kinder werden schon außerhalb des Kindergartens durch Fernsehen usw. mit Reizen überflutet.
Wir sollten den Kindern vielmehr kreative Freiräume wie auch Ruhephasen bieten. Dann wird das Angebot, gemeinsam ein Fest zu planen und zu feiern, sicher begeistert aufgenommen. Ich wünsche Ihnen viel Freude und Erfolg dabei!

PLANUNG

Vor der Planung eines Festes überlegen wir folgendes:

Wer nimmt an dem Fest teil:
– die Kinder der Gruppe;
– die Kinder der Gruppe und ihre Eltern;
– alle Kinder des Kindergartens und ihre Gruppenleiter;
– alle Kinder des Kindergartens, ihre Eltern und ihre Gruppenleiter;
– weitere Gäste, z. B. der Träger, die Großeltern der Kinder?

Nach der Anzahl der Teilnehmer richtet sich die weitere Planung. Ein Fest innerhalb der Gruppe wird nach anderen Regeln ablaufen als ein großes Kindergartenfest. Die kleinen Gruppenfeste können auf die Wünsche der Kinder abgestimmt und individuell gestaltet werden. „Bausteine", wie z. B. Spielvorschläge, Lieder, Bastelideen, finden sich in den einzelnen Kapiteln.

Bei einem Fest, das den ganzen Kindergarten betrifft, steht zunächst die Organisation des Festes im Vordergrund. Sie sollte von einem Ausschuß übernommen werden, der die verschiedenen Aufgaben verteilt und koordiniert. Die Kontrolliste von Seite 10 gibt eine Übersicht über die notwendigen Aufgaben.

Während die Organisation der Rahmenbedingungen Aufgabe der Erwachsenen ist, sollte man die Kinder an der Programmgestaltung, am Schmücken des Festraumes und eventuell auch an der Zubereitung der Speisen beteiligen. Je mehr sie an den Vorbereitungen teilnehmen, desto intensiver erleben sie die Feier als „ihr" Fest. Dafür gibt es verschiedene Möglichkeiten:

1. Jede Kindergruppe ist für eine bestimmte Aufgabe zuständig, z. B. für die Dekoration der Fenster, für die Gestaltung der Einladungen, der Plakate.

2. Jede Gruppenleiterin bietet ein Projekt an, für das sich die Kinder aus allen Gruppen frei entscheiden können. Die Kinder sind durch die Wahlfreiheit sehr motiviert und lernen auch Kinder aus anderen Gruppen besser kennen.

Wenn nicht schon der Festanlaß einen bestimmten Rahmen vorsieht, ist für die Planung auch die Frage wesentlich, ob das Fest unter einem bestimmten Motto stattfinden soll. Wird ein Motto gewählt, orientieren sich daran die Dekorationen und das Programm.

Die Festvorbereitungen sollten rechtzeitig beginnen. Vier Wochen vorher wird der Ausschuß gebildet, und die Eltern erhalten eine entsprechende Information.

Zwei Wochen vor dem Fest werden die
von den Kindern gestalteten Einladungen
verschickt bzw. verteilt. Selbstgemalte
Plakate im Haus und beim Kindergarten-
träger weisen auf das Ereignis hin.
Es empfiehlt sich, der Einladung einen
Rückmeldeabschnitt beizulegen, damit
man die Anzahl der Gäste abschätzen
kann. Danach richten sich dann die
Vorbereitungen und Bestellungen für
Sitzgelegenheiten, Essen, Getränke etc.
Zwei Tage vor dem Fest findet ein letzter
„Check" statt, bei dem fest-
gestellt wird, was fehlt
und am letzten Tag
noch besorgt werden
muß.

KONTROLLISTE

Die folgende Kontrolliste zum Kopieren
erleichtert die Übersicht über die einzelnen Aufgabenbereiche und die dafür
zuständigen Personen. Tragen Sie die
Namen der Verantwortlichen ein:

● Mitglieder des Festausschusses

● Elternbrief und Einladungen

● Plakate

● Programmgestaltung:

Begrüßung/Einstimmung

Spiele

Lieder

Tänze

Aktionen

Verabschiedung

● Essen:

Kuchen

Salate

Grillgut

Brot

anderes

● Getränke:

Mineralwasser

Säfte

Limonaden

Kaffee

Tee

anderes

● Geschirr, Gläser, Besteck

● Dekoration

● Musik

● Elektroanschlüsse, Beleuchtung

● Sitzgelegenheiten

Stühle, Bänke, Tische

● Eventueller Wetterschutz

● Aufräumarbeiten/Reinigung

● Erste Hilfe/Brandschutz

FESTE IM HERBST

Für die Aufnahme der Neuen werden sich in jedem Kindergarten verschiedene Modelle herausbilden. Eine Möglichkeit ist es, die Neuen nach und nach behutsam in einer Gruppe einzuführen, indem sie immer nur für kurze Zeit, zusammen mit der Mutter, besuchsweise zum Spielen kommen, bis sie sich allmählich an die neue Umgebung und die noch fremden Kinder gewöhnt haben.

Die älteren Kinder können Patenschaften übernehmen, indem sie den Neuen in den ersten Tagen behilflich sind: beim An- und Ausziehen, beim Spielen in der Spielecke, beim Zeigen des Waschraums. Die vorgestellten Spiele und Lieder sollen den Eintritt in die Gruppe erleichtern, Ängste abbauen und den neuen Kindern zeigen: „Du bist in unserm Kreis willkommen! Wir freuen uns auf dich! Du wirst bei uns fröhlich spielen und Neues erleben!"

KOMMT ALLE HER!

Ein lustiges Bewegungsspiel im Kreis, bei dem auch die Eltern mitmachen können. Das gemeinsame Zuwinken, Stampfen und Schaukeln führt zu einer entspannten, fröhlichen Spielatmosphäre, auch bei Mitwirkenden, die sich noch gar nicht kennen.

Zum großen Fest kommt alle her,
wir spielen, tanzen immer mehr!

Wir klatschen dreimal, das ist toll,
denn heute ist unser Kreis ganz voll!

Ich winke mit der rechten Hand,
das kann ein jeder hier im Land.

Ich stampfe auf, so laut ich kann,
und tippe meinen Nachbarn an.

Ich heb´ die Knie, so hoch ich kann,
und lache meinen Nachbarn an.

Wir schaukeln alle hin und her,
wie auf dem großen blauen Meer.

Nun denkt euch alle noch mehr aus,
ein jeder hier im großen Haus!

ALLE UNSRE NEUEN

Das Lied läßt sich nach der Melodie von „Alle meine Entchen" singen.

Alle unsre Neuen
ziehen heute ein.
Unser Kreis wird größer,
wir wollen Freunde sein.

Alle unsre Neuen fassen
sich heut an.
Singen, tanzen, spielen,
schon ein jeder kann.

Und wir haben alle
uns auf euch gefreut.
Darum wolln wir feiern
diesen Festtag heut.

Alles lernt ihr kennen,
Steine, Klötze, Haus.
Und wir bauen fröhlich
jeden Tag was draus.

Seid heut gar nicht bange!
Traut euch etwas zu!
Seht – wir Kinder warten,
kommt herein, auch du!

Alles lernt ihr kennen,
das ist gar nicht schwer.
Und dann kommt ihr morgen
fröhlich wieder her.

MEIN RECHTER STUHL IST LEER

Dieses Spiel lädt zum Lauschen ein. Jedes Kind darf ein Tier darstellen und sich die entsprechenden Tierlaute überlegen: Katze, Hund, Schwein, Maus, Schaf, Schlange, Pferd, Specht, Frosch, Biene.

Die Erzieherin ruft: „Mein rechter Stuhl ist leer, ich wünsche mir die Katze her."

Die Katze kommt angeflitzt, miaut und setzt sich auf den Stuhl. Nun fährt das Kind links neben dem frei gewordenen Stuhl fort.

Es gibt auch stumme Tiere: Fledermaus, Fisch, Maulwurf oder Schnecke. Sie stellen sich pantomimisch vor.

KASPER BEGRÜSST DIE KINDER

In manchen Kindergärten werden die Neuen mit einem Kasperspiel begrüßt. Der Kasper kann mit lustigen Versen zu Beginn die einzelnen Kinder ansprechen.

1. Hurra, hurra, hurra,
   der ... ist nun da!
   Wir freuen uns im ganzen Land
   und nehmen ihn an unsre Hand.
   Hurra, hurra, hurra,
   der ... ist nun da!

2. Hurra, hurra, hurra,
   die ... ist nun da!
   Wir laden unsre ... ein,
   nun komm in unsern Kreis herein!
   Hurra, hurra, hurra,
   die ... ist nun da!

3. Hurra, hurra, hurra,
   ... ist nun da!
   Im Kindergarten ist es schön,
   und keiner will nach Hause gehn.
   Hurra, hurra, hurra! ... ist nun da!

4. Hurra, hurra, hurra,
   ... ist nun da!
   Wir spielen hier tagaus, tagein,
   und keiner soll alleine sein!
   Hurra, hurra, hurra!
   ... ist nun da!

5. Hurra, hurra, hurra,
   ... ist nun da!
   Wir winken dir mit unserm Hut,
   bei uns gefällt dir's sicher gut!
   Hurra, hurra, hurra!
   ... ist nun da!

MÄUSE AUS HEFETEIG

Die Neuen freuen sich bestimmt auch über kleine Willkommensgeschenke, zum Beispiel über eine Maus zum Essen.

ZUTATEN

900 g Weizenvollkornmehl
60 g Hefe
150 g Honig
90 g Butter
1 Teelöffel Salz
1/8 Liter und 3/8 Liter lauwarme Milch abfüllen
Rosinen
Mandeln
Bindfaden
1 verquirltes Ei

SO WIRD´S GEMACHT

1. Das Mehl mit der Hefe und 1/8 l Milch (lauwarm) zusammenrühren und 10 Minuten gehen lassen.

2. Die Butter, den Honig und das Salz in der restlichen Milch auflösen und alles mit dem gegangenen Teig verrühren.

3. Die Mäuse aus dem Teig formen: Als Augen bekommen sie zwei Rosinen. Die Ohren sind aus Mandeln, und der Schwanz ist ein Stück Bindfaden.

4. Die Mäuse auf ein mit Backpapier ausgelegtes Backblech setzen und mit verquirltem Ei bestreichen.

5. Noch einmal 10 Minuten gehen lassen. Bei 220°C 20 Minuten backen.

(U. Weber)

ANSTECK-MAUS

Ein Anstecker ist auch ein sehr schönes Geschenk. Wenn die Kindergruppe einen Tiernamen trägt, kann anstelle der Maus das entsprechende Tier in einfacher Form gebastelt werden.

MATERIAL UND HILFSMITTEL

Walnußschalen-Hälften
Pappe
Lederreste oder Filz
schwarzer Filzstift
Anstecknadel zum Ankleben
Bleistift, Schere, Klebstoff

SO WIRD´S GEMACHT

1. Die Walnußschale auf Pappe legen und mit dem Stift umfahren. Die Pappe zuschneiden.

2. Aus Leder oder Filz den Schwanz und die Ohren anfertigen.

3. Bei den Ohren kurze Einschnitte vornehmen, die Spitzen übereinanderschieben und festkleben.

4. An die Unterseite der Schale die Pappe und den Schwanz ankleben.

5. Die Ohren im vorderen Teil auf der Nußoberseite befestigen und das Gesicht mit einem Filzstift aufmalen.

6. Anstecknadel auf die Pappe kleben.

(U. Weber)

Herbst – das ist eine Jahreszeit, so recht für Kinder gemacht. Gern stampfen sie durch das raschelnde Laub und lassen ihre Drachen auf den Stoppelfeldern steigen. Auf Spaziergängen sammeln sie bunte Herbstblätter, Kastanien, Zapfen, Nüsse, Kerne, Bucheckern und vieles mehr. In den Parks, auf den Wiesen und in den Wäldern gibt es viel zu beobachten und zu entdecken: Viele Vögel wie Schwalben und Stare sammeln sich für ihren Flug nach Süden. Genügend Anregungen für ein buntes Herbstfest!

DER HERBST, DAS IST DIE SCHÖNSTE ZEIT

Dieses Lied kann uns von September an bis in die letzten Novembertage begleiten, wenn die Adventszeit beginnt.
Wir singen nach der Melodie: „Ein Vogel wollte Hochzeit machen", und nach jedem Vers: „Fiderallala." Mit den Händen werden die verschiedenen Tätigkeiten dargestellt.

Der Herbst, das ist die schönste Zeit,
der strickt der Welt ein buntes Kleid.

Die Blätter tuscht er farbig an,
mit rot und braun, so gut er's kann.

Die Äpfel malt er rot – so schau,
die Birnen gelb, die Pflaumen blau.

Die Sonnenblumen leuchten schön,
die könnt ihr hinterm Zaune sehn.

Der Kürbis lacht mit frechem Mund,
er ist ganz gelb und kugelrund.

Kastanien sind blank und braun,
die mag ich gar zu gern anschaun.

Die Tannen bleiben, wie sie sind,
auf euch freut sich schon jedes Kind.

Denn bald wird's Winter, kalte Zeit,
der strickt der Welt ein weißes Kleid.

Wir hol'n den Tannenbaum herein,
der glänzt im hellen Kerzenschein.

KASTANIENFUSSBALL

Aus Pappe oder Zweigen zwei kleine Tore im Abstand von etwa 75 cm bis 1 m errichten.
Zwei Spieler hocken sich gegenüber und versuchen, mit dem Zeigefinger den Ball, also die Kastanie, in das gegnerische Tor zu schnipsen.
Wer wird Torschützenkönig? Wer ist der beste Tormann?

KASTANIENSPIELLIED

Die Kinder sitzen im Kreis. Ein Kind hat ein langes Tuch umgebunden und saust als Wind herum. Es tippt verschiedene Kinder an, die sich als Stacheltiere mit dem ganzen Körper rollend in die Kreismitte bewegen. Dort setzen sie sich hin, haken sich unter und rollen in einer Wellenbewegung hin und her.
Nach einer Weile lassen sie sich auf ein Klangzeichen hin (Trommel oder Triangel) los und kugeln durcheinander.
Dann gehen die Kastanienkinder in den großen Kreis zurück, und das Spiel beginnt von neuem. Auf die Melodie: „Horch, was kommt von draußen rein" singen sie:

Plapp und plupp, was kullert da?
Hui und ho, hui und ho,
weißt du wohl, was hier geschah?
Hui und hollaho.
Kommt der Herbstwind angebraust,
hui und ho, hui und ho,
hat die Bäume wild gezaust,
hui und hollaho.

Was rollt da vor meinem Fuß?
Hui und ho, hui und ho,
kommt vom hohen Baum ein Gruß?
Hui und hollaho.
Und das grüne Stacheltier,
hui und ho, hui und ho,
öffnet seine Stacheltür,
hui und hollaho.

Komm, du braunes Kugelkind,
hui und ho, hui und ho,
komm, wir spielen jetzt geschwind,
hui und hollaho.
Rollen hin und rollen her,
hui und ho, hui und ho,
immer schneller, immer mehr,
hui und hollaho.

BASTELN MIT BLÄTTERN

*Aus bunten Herbst-
blättern, aus Farn,
Halmen und den
durchsichtigen
Blättern der Silberlinge können wir
Blätterbilder gestalten. Manchmal deutet
ein Blatt schon eine bestimmte Form an:
Man braucht dann nur das Blatt etwas
zurechtzuschneiden oder ein ähnliches
Blatt anzukleben, damit ein Tier- oder
Blumenbild entsteht. Klebstoff sollte man
sehr sparsam verwenden und die Blätter
nur vorsichtig andrücken, weil sie leicht
brechen. So ergibt sich manchmal wie von
selbst die Form einer Maus, eines Teddys,
eines Fisches, eines Vogels oder einer
Schildkröte. Am besten schützt man das
Bild mit einer durchsichtigen Klebefolie.*

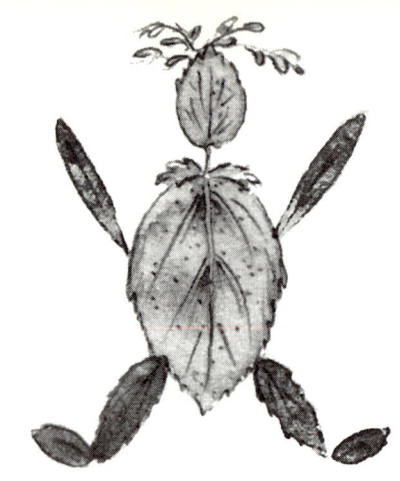

BLÄTTER TROCKNEN

*Die Blätter zwischen Löschpapier legen
und mit einem Brett oder einer Pappe
abdecken und mit einer Reihe dicker
Bücher beschweren. Nach etwa zwei
Wochen sind die Blätter trocken.
Sie behalten ihre leuchtende Farbe, wenn
sie trocken aufbewahrt werden,
z. B. in großen flachen Schachteln.*

BLÄTTER-RUBBELBILDER

MATERIAL UND HILFSMITTEL
trockenes Herbstlaub
Briefpapier
Wachskreide

SO WIRD´S GEMACHT

1. Briefpapier über ein besonders schön geformtes Blatt legen.

2. Die Form des Blattes mit Wachskreide durchreiben. An den Adern und den Rändern fest aufdrücken.

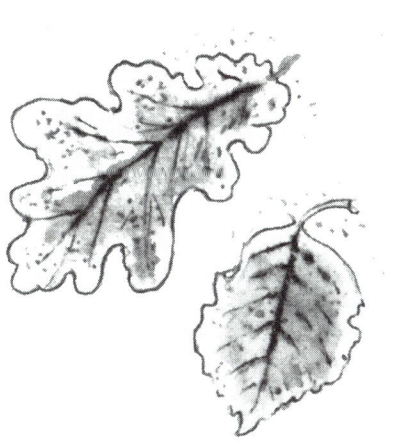

BLATTDRUCKBILDER

MATERIAL UND HILFSMITTEL
Herbstlaub
Schuhcreme in Braun oder Rotbraun
Zeichenpapier
Löschpapier
Schuhbürste oder kleines Holzbrett

SO WIRD´S GEMACHT

1. Die Unterseite des Blattes mit Schuhcreme einreiben.

2. Das Blatt mit der Farbseite nach unten auf ein Stück Zeichenpapier und darüber ein Stück Löschpapier legen.

3. Mit dem Rücken der Schuhbürste oder mit einem Holzbrett fest auf das Papier drücken. Das Papier abheben.

SPRITZBILDER

MATERIAL UND HILFSMITTEL
gepreßte Herbstblätter
Zeitungen als Unterlage
Zeichenpapier
Stecknadeln
Schale mit Plakatfarbe
ausgediente Zahnbürste
Holzstab

SO WIRD´S GEMACHT

1. Die Zeitungen als Unterlage über den Tisch ausbreiten.

2. Ein gepreßtes Blatt mit Nadeln auf einem Stück Zeichenpapier befestigen.

3. Die Zahnbürste in die Schale mit Plakatfarbe tauchen. Mit dem Holzstab über die Bürstenhaare streichen. Dabei spritzt die Farbe rund um das Blatt auf das Papier.

4. Trocknen lassen, dann erst das Blatt entfernen.

SPIEL MIT DEM WIND

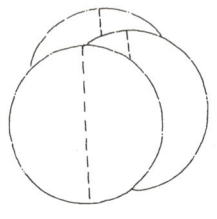

MATERIAL UND HILFSMITTEL

festes Papier
Zirkel
Schere
Klebstoff
Nähgarn, 50 cm lang

SO WIRD´S GEMACHT

1. Drei Kreise von 10 cm Durchmesser aus festem Papier ausschneiden.

2. Die Kreise einmal in der Mitte falten und an den Faltlinien aneinander- kleben.

3. Einen Kreis von 15 cm Durchmesser spiralenförmig wie ein Schneckenhaus einschneiden.

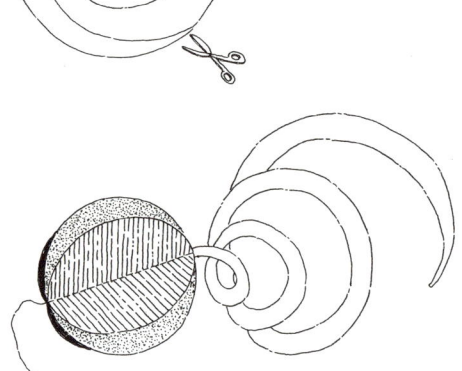

4. Den Mittelpunkt an die Spitze des Faltballes kleben. An die andere Spitze einen Faden binden.

5. Beim Laufen den Ball mit dem Schwanz hinterherziehen.

(E. Scharafat)

LIED VON ZEHN SCHWALBEN

Bevor der kalte Winter kommt, fliegen viele unserer Singvögel nach Süden in wärmere Länder. Auf diese weite Reise weist das Bewegungsspiel hin. Wir singen es nach der Melodie „Zehn kleine Negerlein". Die Kinder sitzen im Kreis. In der Mitte liegt eine lange Schnur, die eine Überland-Stromleitung darstellt. Nacheinander fliegen die Schwälbchen auf den Stromdraht und bewegen sich strophengemäß. Am Schluß schlagen sie alle mit den Flügeln, segeln aus dem Kreis hinaus und fliegen gen Süden.

Seht die erste Schwalbe hoch oben auf dem Draht,
die schnappt sich schnell drei Mücken noch, weil sie so Hunger hat.

KEHRVERS: Eine kleine Schwalbe, die bleibt nicht gern allein,
die zweite kommt, der Schwalbenschwarm wird bald beisammen sein.

Zwei kleine Schwalben, die hüpfen hin und her,
bald geht die große Reise los nach Süden übers Meer.

Zwei kleine Schwalben, die sind nicht gern allein,
die dritte kommt, der Schwalbenschwarm ...

Drei kleine Schwalben, die putzen sich geschwind.
Sie heben ihre Schnäbel hoch: Wie weht denn heut der Wind?

Drei kleine ... die vierte ...

Vier kleine Schwalben, die schwatzen lustig los.
„Wo sind die andern Freunde nur? Wo bleiben sie denn bloß?"

Vier kleine ... die fünfte ...

Fünf kleine Schwalben aus einem Schwalbennest,
die sind jetzt groß und blitzeschnell, doch wo ist nur der Rest?

Fünf kleine ... die sechste ...

Sechs kleine Schwalben, sie tschilpen immer mehr,
sagt auch den andern schnell Bescheid, die Nester sind doch leer!

Sechs kleine ... die siebente ...

Sieben kleine Schwalben, die rufen: „Es ist spät!
Wir warten schon, weil's morgen früh auf große Reise geht!"

Sieben kleine ... die achte ...

Acht kleine Schwalben, die gucken nach der Uhr,
die Kirchturmuhr, die schlägt schon sechs, bald geht's auf große Tour.

Acht kleine ... die neunte ...

Neun kleine Schwalben, die sind ganz aufgeregt,
weil es jetzt acht vom hohen Turm, hört, bimmel, bammel schlägt.

Neun kleine ... die zehnte ...

Zehn kleine Schwalben, hört zu, ist das nicht toll!
Nun ist der große Schwalbenschwarm am Ende endlich voll!

Hui - hui - nun geht es endlich los, wir wünschen euch viel Glück!
Im nächsten Jahr, im nächsten Jahr kommt heil zu uns zurück!

Das Erntedankfest wird bei uns in der Regel am ersten Sonntag im Oktober gefeiert. Insbesondere für Stadtkinder ist der unmittelbare Zugang zum Wachsen und Ernten der Früchte auf dem Feld oft nur schwer nachvollziehbar, denn Tomaten, Gurken, Kartoffeln werden meist im Supermarkt an der Ecke gekauft.

Wir können aber auch Stadtkinder zum Staunen und Wundern über das Wachsen und Werden in der Natur führen: Wenn wir mit den Kindern das Sprießen von Kressesamen und Bohnen in Blumentöpfen beobachten, wenn wir gemeinsam das kleine Blumen- und Gemüsebeet im Kindergarten pflegen.

Erntedank bietet einen Anlaß dafür, mit den Kindern über Menschen zu sprechen, denen es nicht so gut geht wie uns. Viele Kinder wären froh, wenn sie die Brotreste essen könnten, die in unsere Mülltonnen wandern. Das Erntedankfest kann daher auch unter dem Aspekt des Teilens gefeiert werden.

TANZLIED ZUM ERNTEDANK

Dieses Lied wird nach der Melodie
„Sur le pont d´ Avignon ..." gesungen.

Schritt vor Schritt,
tanzt doch mit!
Kommt – wir reichen uns die Hände.
Schritt vor Schritt,
zieht doch mit!
Alle tanzen rundherum!

Dankt dem Herrn,
dankt dem Herrn
für die Ernte in den Scheunen!
Preist den Herrn,
preist den Herrn,
ihm sei Ehre, Lob und Dank!

Singt dem Herrn,
singt dem Herrn,
er ließ Korn und Früchte reifen!
Singt dem Herrn,
singt dem Herrn,
ihm, dem Schöpfer unsrer Welt!

Bringt nun her
Gaben schwer,
laßt uns Brot und Früchte teilen!
Bringt nun her
Gaben schwer,
deine Ernte segne, Herr!

SONNENBLUMEN

Nach der Melodie von
„Alle meine Entchen"

Viele gelbe Köpfe
nicken schon von fern,
nicken schon von fern.
Viele goldne Strahlen,
die seh´ ich so gern.

Grüne Stengel wachsen
noch tagaus, tagein,
noch tagaus, tagein.
Kleine Sonnen gucken
schon zum Fenster rein.

Hoch und immer höher
steigen sie zum Licht,
steigen sie zum Licht.
Groß und immer schöner
leuchtet ihr Gesicht.

Und der braune Teller,
der ist reich gedeckt,
der ist reich gedeckt.
Den hat unsre Amsel
wohl schon längst entdeckt.

Strahlt uns noch ganz lange!
Wind, blas nicht zu sehr,
blas nicht zu sehr!
Kommt im nächsten Frühjahr
wieder zu uns her.

SONNENBLUMENBILD

MATERIAL UND HILFSMITTEL

ein Bogen Tonpapier in Schwarz
Kreppapier in Gelb
Seidenpapier in Braun und Grün
Klebstoff, Schere, Zeichenstift

SO WIRD´S GEMACHT

1. Kreise auf das schwarze Tonpapier zeichnen.

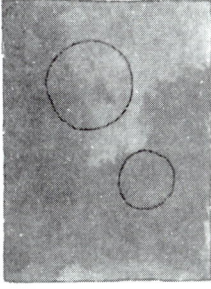

2. Das gelbe Kreppapier in mehreren Lagen übereinanderlegen und Blütenblätter ausschneiden.

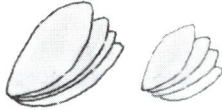

3. Die erste Kreislinie mit Klebstoff bestreichen und einen Kranz aus gelben Blütenblättern legen.

4. Ist der Kreis geschlossen, einen zweiten und dritten Kranz aufkleben, bis die Sonnenblume richtig strahlt.

5. Braunes Seidenpapier in kleine Quadrate reißen und Kugeln formen. Die Kugeln kreisförmig in den Kranz aus Blütenblättern kleben.

6. So auch die zweite Blüte ausarbeiten.

7. Die Stiele der Sonnenblumen und die Blätter aus grünem Seidenpapier ausschneiden und auf das Tonpapier kleben. Die Blätter nur am Stengel und an zwei Seiten mit einem Tropfen Klebstoff befestigen.

(E. Scharafat)

SPIELLIED VON FLEISSIGER ARBEIT UND VOM TEILEN

Das Spiellied wird nach der Melodie „Wer will fleißige Handwerker sehn ..." gesungen.

Wer will fleißige Handwerker sehn,
der muß zu uns Kindern gehn.
Wir säen fein, wir säen fein
das Korn hier in den Acker ein.

Die einzelnen Bewegungen ausführen.

Wer will fleißige Bauern sehn,
der muß zu uns Kindern gehn.
Wir schaun aufs Feld, wir schaun aufs Feld,
es wächst, ist alles wohlbestellt.

Wer will fleißige Bauern sehn,
der muß zu uns Kindern gehn.
Der Mähdrescher schneidet und drischt zugleich,
die Säcke stehn gefüllt vor euch.

Das Schneiden des Korns, das Dreschen und das Aufstellen der Säcke spielen.

Wer will fleißige Bauern sehn,
der muß zu uns Kindern gehn.
Zur Mühle nun, zur Mühle nun,
der Müller, der hat gar viel zu tun.

Wer will fleißige Bäcker sehn,
der muß zu uns Kindern gehn.
Knetet fein, knetet fein,
das Brot schiebt in den Ofen rein!

Und wir laden alle ein
heut bei uns zu Gast zu sein,
teil' das Brot, ich geb' es dir,
teil das Brot und gib es mir!

*Die Säcke zur Mühle
schleppen.*

*Nun kann eine gemein-
same Mahlzeit ange-
schlossen werden.*

ERNTEDANK

KARTOFFELN IM SILBER-MANTEL

ZUTATEN

pro Person 1 bis 2 Kartoffeln
Salz, Kümmel, Pfeffer, Öl

SO WIRD'S GEMACHT

1. Die Kartoffeln unter fließendem Wasser gut abbürsten.

2. Salz, Kümmel und Pfeffer vermischen und auf viereckige Folienstücke streuen, die innen mit Öl bestrichen sind.

3. Die Kartoffeln in die Folie einwickeln.

4. Im vorgeheizten Backofen auf dem Rost 35 bis 50 Minuten bei 220°C backen.

GELBE SENF-SAHNESOSSE

ZUTATEN

5 Eßlöffel Sahne
5 Eßlöffel Joghurt
2-3 Eßlöffel Senf
Saft von 1/2 Zitrone
1 Eßlöffel Honig
etwas Pfeffer
Dill oder Petersilie

SO WIRD'S GEMACHT

1. Alle Zutaten verrühren.

2. Mit Dill oder Petersilie garnieren.

GRÜNE KRÄUTERSOSSE

ZUTATEN

1 Becher Crème fraîche oder Sahne-joghurt oder 250 g Quark, mit Milch cremig gerührt
2 Eigelb
etwas Kräutersalz
Schnittlauch, Kresse
Dill, Zitronenmelisse
2 Eßlöffel Honig

SO WIRD'S GEMACHT

Alle Zutaten mit den kleingehackten Kräutern gut vermischen.

TOMATENSOSSE

ZUTATEN

1 Paket passierte Tomaten
1 Eßlöffel Honig
1 rote Paprika
1 Zwiebel
1 Knoblauchzehe
etwas Salz und Pfeffer
2 Eßlöffel Olivenöl
einige Eßlöffel Gemüsebrühe

SO WIRD'S GEMACHT

1. Kleingeschnittene Zwiebel, Paprika und Knoblauch mit der Gemüsebrühe köcheln lassen. Abschmecken.

2. Zum Schluß passierte Tomaten und Honig zugeben.

SESAM- UND KÜMMEL-KARTOFFELN

ZUTATEN

pro Person 2 bis 3 große Kartoffeln
Sesam
Kümmel
Butter
Salz
Öl

SO WIRD'S GEMACHT

1. Die Kartoffeln gründlich waschen, am besten mit einer Bürste. Sie sollen mit der Schale gegessen werden.

2. Das Backblech mit Öl einfetten.

3. Die Kartoffeln in der Längsrichtung durchschneiden.

4. Einen Teller mit Sesamkörnern, einen anderen mit Kümmel füllen.

5. Die Kartoffeln mit der Schnittfläche teils in die Sesamkörner, teils in den Kümmel drücken.

6. Die Kartoffeln mit der Schnittfläche nach oben auf das Backblech legen und auf jede Kartoffel ein Butterflöckchen und etwas Salz geben.

7. Die Kartoffeln bei 220°C ungefähr 30 bis 40 Minuten backen.

KARTOFFELSUPPE

Für eine große Kindergruppe eignet sich als Erntedankspeise sehr gut eine Kartoffelsuppe. Die Suppe kann mit gerösteten Semmelwürfeln angerichtet werden.

ZUTATEN

4 Kartoffeln
4 gelbe Rüben
1 Stange Lauch
1 kleine Sellerieknolle
1 Zwiebel
1 Knoblauchzehe
1 1/2 bis 2 l Gemüsebrühe (Brühwürfel)
4 Eßlöffel Sahne
30 g Butter
zum Bestreuen gehackte Petersilie oder Schnittlauch
Hefewürze

SO WIRD'S GEMACHT

1. In der heißen Butter das zerkleinerte Gemüse dünsten, die rohen, in Würfel geschnittenen Kartoffeln zugeben.

2. Die Brühe zugießen, alles weichkochen und mit Hefewürze, Salz, Pfeffer abschmecken.

3. Zum Schluß die Sahne hinzufügen.

Der Martinstag am 11. November ist eines der Feste, die von den Kindern mit besonders großer Freude erwartet werden. Der traditionelle Umzug mit seinen leuchtenden Laternen in der Abenddämmerung ist jedes Jahr wieder ein schönes Erlebnis.

In den Tagen vor dem Martinsfest werden gemeinsam Laternen gebastelt und Martinslieder gesungen. Am Vortag backen wir mit den Kindern Gebäck und Brot, das sich gut teilen läßt.

Der Martinsumzug wird von den ErzieherInnen gemeinsam mit den Eltern geplant. Für die Umzugsstrecke wählt man einen verkehrsruhigen Weg.

Dort, wo sich Überschneidungen mit lebhaften Verkehrsstraßen nicht vermeiden lassen, müssen Helfer, z. B. die Feuerwehr, die Verkehrsregelung übernehmen.

Der Umzug führt meist vom Kindergarten oder von der Kirche aus zu einem Platz, wo sich alle versammeln.

Für die Kinder ist es besonders eindrucksvoll, wenn ein Reiter mit Helm und Umhang den Laternenumzug anführt und am Ende der Strecke ein „Bettler" wartet. Beide führen dann die „Mantelszene" auf. Die Kinder stehen im Kreis und singen Lieder. Zum Schluß wird das Martinsbrot verteilt. Immer zwei Kinder teilen sich ein Brot.

ST. MARTINSLIED

*Das Lied wird nach einer bekannten
norddeutschen Laternenweise gesun-
gen. Nach jeder Strophe folgt der
Refrain:*
*„Nun zieh voran, du Reitersmann,
St. Martin, wir folgen dir."*

Ich geh' mit meiner Laterne
und meine Laterne mit mir.
Da oben leuchten die Sterne,
und unten leuchten wir.

St. Martin, hoch zu Pferde,
du warst ein Kriegersmann.
Doch beugst du dich zur Erde
und schaust den Bettler an.

St. Martin hat Erbarmen
und sieht des Bettlers Not.
Er lehrt uns auch zu teilen,
wie Gott es uns gebot.

St. Martin legt die Rüstung
und seine Waffen fort.
Er will fortan nur dienen
und folgen Gottes Wort.

St. Martin, du bist Bote.
St. Martin, Gottesmann.
Was wir dem Nächsten geben,
das haben wir Christus getan.

Weit glänzen die Laternen
in kalter Winternacht.
Wir haben dunklen Straßen
das helle Licht gebracht.

ST. MARTIN

EINLADUNGSKARTEN ZUR MARTINSFEIER

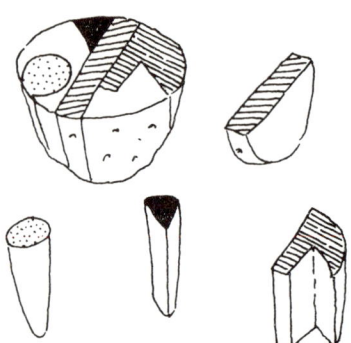

MATERIAL UND HILFSMITTEL

Tonpapier in Grün oder Blau
Fingerfarben in Weiß, Rot, Orange
Kartoffel
Küchenmesser
Pinsel

SO WIRD´S GEMACHT

1. Ein Rechteck in doppelter Postkarten-größe ausschneiden und in der Mitte falten.

2. Eine Kartoffel waschen und mit einem glatten Schnitt in zwei Teile schneiden.

3. Eine Hälfte der Kartoffel ist der Stem-pel für den Gänsebauch. Für die Schwanzfedern ein paar Kerben her-ausschneiden.

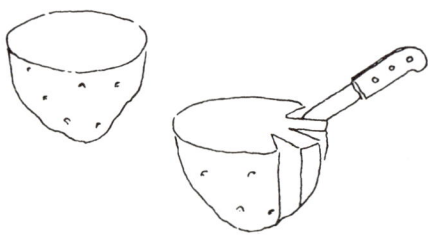

4. Aus der zweiten Kartoffelhälfte die Stempel für Kopf, Hals, Fuß und Schnabel schneiden (siehe Zeichnung).

5. Einen Probedruck auf einem Rest Tonpapier ausführen. Die Stempel-fläche des Bauches mit weißer Finger-farbe einstreichen und auf das Ton-papier drücken, dabei Platz für Kopf, Hals, Füße und Schnabel lassen.

6. Nacheinander auch die übrigen Stempel-flächen in den passenden Farben ein-streichen: Hals und Kopf in Weiß, Schnabel in Rot, Fuß in Orange.

7. Nach dem gelungenen Probedruck die Einladungskarten bedrucken.

(E. Scharafat)

MARTINSGEBÄCK

ZUTATEN

500 g Mehl
250 g Butter
160 g Zucker, 1 Päckchen Vanillezucker
1 Ei
1 Eigelb zum Bestreichen

HILFSMITTEL

Karton
Bleistift
Schere
Messer oder Teigrädchen

SO WIRD'S GEMACHT

1. Alle Zutaten zu einem Teig kneten und ca. eine halbe Stunde kühl stellen.

2. In der Zwischenzeit Martinsgänse mit einfachen Umrißlinien auf Karton zeichnen und ausschneiden.

3. Den Teig auf bemehlter Arbeitsfläche dünn ausrollen.

4. Die Kartonschablonen der Gänse auf den Teig legen und die Umrisse mit einem Messer oder einem Teigräd- chen ausschneiden. Die Gänse auf das mit Backpapier ausgelegte Backblech legen.

5. Mit verquirltem Eigelb bestreichen und im vorgeheizten Backofen bei 190°C etwa 25 bis 30 Minuten gold- braun backen.

MARTINSBROT

ZUTATEN

500 g Mehl
1/4 l Milch
100 g Zucker, 1 Päckchen Vanillezucker
125 g Butter
2 Eier
1 Würfel Hefe

SO WIRD'S GEMACHT

1. Das Mehl in eine Schüssel sieben und eine Vertiefung in die Mitte drücken. Eine Tasse Milch, die zerkleinerte Hefe und einen Teelöffel Zucker hinzufü- gen. Den Teig ca. 15 Minuten an einem warmen Ort ruhen lassen.

2. Die restliche Milch erwärmen, Zucker, Vanillezucker und Butter darin auflösen.

3. Milch mit Butter und Zucker auf den Mehlrand geben. Eier hinzufügen. Alles verrühren und zu einem glatten Teig verkneten, eventuell noch Mehl zuge- ben. Gehen lassen, bis sich der Teig verdoppelt hat (etwa 40 Minuten).

4. Aus dem Teig Kränze oder Herzen for- men, die sich gut teilen lassen.

5. Das Martinsbrot auf ein Backblech mit Backpapier legen und ruhen lassen. Im vorgeheizten Backofen auf unterster Schiene 30 bis 35 Minuten bei ca. 190°C goldbraun backen.

6. Das heiße Gebäck mit Milch bepinseln.

RUNDE LATERNEN MIT KÄSESCHACHTELN

MATERIAL UND HILFSMITTEL

große Käseschachteln (16 cm ∅)
festes weißes Pergamentpapier
dünne Pappe
Transparentpapier
Bleistift, Schere, Klebstoff

SO WIRD´S GEMACHT

1. Das Pergamentpapier nach der Größe der Käseschachtel ausschneiden, dabei dem Umfang der Schachtel 2 cm zufügen, Höhe ca. 25 cm.

2. Für die Ausgestaltung der Laterne Muster auf Transparentpapier zeichnen, ausschneiden und auf das Pergament kleben. Kleinere Kinder können z. B. Streifen oder Quadrate zuschneiden, größere Kinder z. B. Kreise, Monde, Sterne, Herzen oder Äpfel.

3. Den so verzierten Pergamentbogen um den Boden und Deckel der Käseschachtel herumkleben.

4. Den oberen Pergamentrand mit einem 1,5 cm breiten Pappstreifen verstärken.

RUNDE LATERNEN MIT KARTONBODEN

MATERIAL UND HILFSMITTEL

stabiler Karton
festes weißes Pergamentpapier
farbiges Transparentpapier
Unterteller
Lineal
Bleistift, Schere, Klebstoff

SO WIRD'S GEMACHT

1. Mit Hilfe des Untertellers zwei Kreise auf Karton anzeichnen und dann ausschneiden. In eine Scheibe ein großes Loch für die Öffnung schneiden.

2. Das Pergamentpapier nach dem Umfang der Kartonkreise ausschneiden, 2 cm zufügen, Höhe ca. 25 cm.

3. An einer Längsseite des Laternenstreifens einen 1 cm breiten Streifen anzeichnen, knicken und einschneiden:

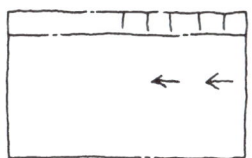

4. Den Laternenstreifen um die Kreisscheibe aus Karton kleben und überlappend zusammenfügen.

5. Beliebig mit Formen aus farbigem Transparentpapier bekleben.

LATERNE AUS TONPAPIER

MATERIAL UND HILFSMITTEL

große Käseschachtel
Tonpapier
Transparentpapier
Unterteller, Lineal, Ausstechformen
Bleistift, Schere, Klebstoff

SO WIRD'S GEMACHT

1. Aus Tonpapier einen 52 cm langen und 25 cm breiten Streifen schneiden.

2. Ausstechformen auf das Tonpapier legen und mit Bleistift umfahren. Die Formen ausschneiden und mit Transparentpapier hinterkleben.

3. Das Papier zu einer Röhre zusammenkleben, Boden und Deckel befestigen.
   (U. Weber)

KERZENHALTER UND AUFHÄNGUNG

Als Kerzenhalter Adventskerzenhalter oder Teelichter am Boden der Laterne fixieren.

Für die Aufhängung 30 cm langen Blumendraht an zwei gegenüberliegenden Stellen im Pappdeckel befestigen. Löcher mit einer Nadel vorstechen!

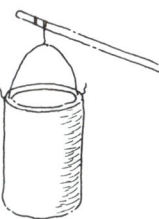

BLÄTTER-LATERNE

MATERIAL UND HILFSMITTEL

Pappe (von einem Zeichenblock)
1/2 Bogen helles Tonpapier
Klebstoff
Firnisöl
1 Teelicht
1 Musterklammer
Blumendraht
Deckfarben und Pinsel
buntes Herbstlaub
Lineal
Bleistift, Schere, Klebstoff

SO WIRD'S GEMACHT

1. Einen Bogen helles Tonpapier der Länge nach in der Mitte teilen. Für eine Laterne braucht man eine Hälfte.

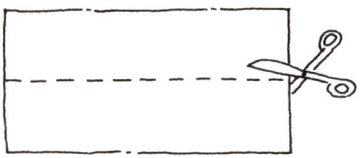

2. Den Tonpapierstreifen mit Blatt-mustern bedrucken: Ein Herbstblatt auf der rauhen Unterseite mit Deck-farbe bestreichen.

3. Das Blatt wie einen Stempel auf das Laternenpapier drücken. Mit weiteren Blättern bedrucken. Alles trocknen lassen.

4. Aus Pappe ein Quadrat von 20 x 20 cm ausschneiden.

5. An jeder Seite 2 cm abmessen.

6. Die Streifen an jeder Ecke bis zum x einschneiden.

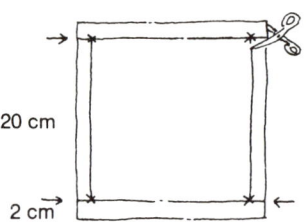

20 cm

2 cm

7. Die Streifen hochbiegen, so daß ein Rand um den Laternenboden entsteht. Die überstehenden Ecken umknicken und festkleben.

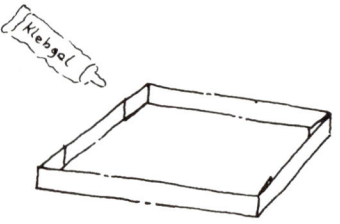

8. In die Mitte des Bodens mit der Scherenspitze ein kleines Loch bohren.

9. Das Teelicht aus dem Metallschälchen nehmen und auch in die Mitte des Schälchens ein kleines Loch bohren. Das Schälchen mit einer Musterklammer am Laternenboden befestigen. Die Enden der Musterklammer unter dem Boden auseinanderbiegen. Die Kerze wieder in das Schälchen setzen.

10. Das getrocknete Laternenpapier mit Firnisöl bestreichen, dadurch wird es lichtdurchlässig. Trocknen lassen.

11. Das Papier in vier gleich große Abschnitte einteilen und falten. Am Ende einen Streifen von 2 cm lassen.

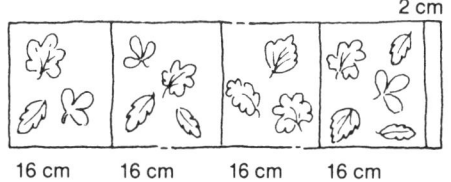

2 cm

16 cm   16 cm   16 cm   16 cm

12. Den oberen Rand des Laternenpapiers mit einem 2 cm breiten Pappstreifen verstärken.

13. Nun die Laterne zusammenbauen: Den Außenrand des Laternenbodens mit Klebstoff einstreichen und das gefaltete Laternenpapier rundherum festkleben. Die Seite der Laterne mit dem 2 cm breiten Seitenstreifen schließen.

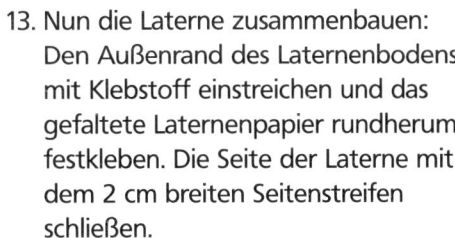

14. Zum Schluß ein Stück Blumendraht als Bügel befestigen.

(E. Scharafat)

ST. MARTIN

Im Herbst duftet es auf den Wochenmärkten nach frischen Äpfeln. Äpfel sind das ideale Obst für Kinder. Sie können es an einheimischen Bäumen wachsen sehen und vielleicht auch selber ernten. Der Vitamin- und Mineralstoffgehalt ist hoch, und darüberhinaus schmecken sie sehr gut. Äpfel können einfach aus der Hand gegessen werden, man braucht sie nicht einmal zu schälen. Sie eignen sich aber auch zum Saftpressen und für viele schmackhafte Gerichte wie Aufläufe, Süßspeisen und Salate.

Falläpfel lassen sich bei Spielen einsetzen, und wir können sogar mit ihnen drucken, ähnlich wie mit einem Kartoffelstempel. Was liegt da näher, als dieses vielseitige Obst bei Geburtstagsfesten einzusetzen.

EIN APFELBAUM ALS TISCHKARTE

MATERIAL UND HILFSMITTEL

dünner Karton
Tonpapier in Grün, Rot und Gelb
Bleistift, Klebstoff, Schere

SO WIRD'S GEMACHT

1. Nach der Zeichnung eine Schablone der Baumform aus dünnem Karton schneiden.

2. Die Umrisse zweimal auf grünes Tonpapier übertragen und ausschneiden.

3. Die Bäume in der Mitte falten und die Mittellinie in zwei gleiche Strecken teilen.

4. Beim ersten Baum die obere und beim zweiten Baum die untere Hälfte der Mittellinie einschneiden.

5. Beide Baumformen an den Schnittlinien ineinanderstecken.

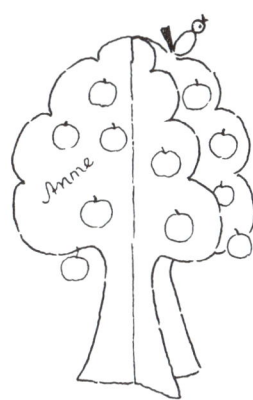

6. Den Namen des Geburtstagskindes in die Baumkrone schreiben.

7. Rote und gelbe Äpfel aus Tonpapier schneiden und ankleben.

(E. Scharafat)

VARIANTE: BIRNBAUM

APFELBAUMTANZLIED

Alle unsre Zweige
tanzen hin und her,
schwingen leicht im Winde,
mehr und immer mehr.

Alle unsre Zweige
rüttelt jetzt der Wind.
Zerrt und zaust und schüttelt
unser Apfelkind.

Und der kleine Apfel
oben in der Höh,
plumpst ins Gras hinunter,
das tut weh, so weh.

Oh – so spitze Stacheln,
sagt mir, was ist das?
Seht, ein kleiner Igel,
der saß da im Gras.

Seht, der Igel trippelt
trappelt so geschwind,
läuft unter die Hecke,
wo seine Kinder sind.

Alle kleinen Igel
sitzen ganz versteckt,
schmitzen, schmatzen, hört doch,
wie der Apfel schmeckt.

Und der kahle Apfelbaum
steht im Winterwind.
Doch lauscht, wie in den Zweigen
ein Neues leis beginnt.

Viele kleine Knospen
wachsen wie im Traum.
Im nächsten Jahr blüht wieder
unser Apfelbaum.

Wir singen auf die Melodie: „Alle meine Entchen." Die Kinder laufen im Raum frei umher, schwingen mit den Armen.

Eine Handtrommel begleitet mit leichten, stärker werdenden Schlägen.

Auf einen lauten Beckenschlag hin ducken sich alle Kinder zu Boden.

Die Kinder spreizen die Hände zu Stacheln. Dann kriechen sie auf allen vieren, die Erzieherin legt ihnen Papieräpfel auf den Rücken.

Die Igelkinder kriechen vorsichtig unter den Tisch oder in irgendein schützendes Igelhaus.

Jedes Igelkind bekommt einen Apfelschnitz zum Schmatzen.

Leise Schläge vom Glockenspiel oder Triangel.

Jedes Kind erhält eine vorbereitete weiße Blüte aus Filz oder Papier und tanzt um den Apfelbaum herum.

APFEL-FINGERSPIEL

Der erste Apfel schläft hoch im Baum
und träumt einen tiefen Apfeltraum.
Den zweiten Apfel, wehe, wehe,
den packt die alte schwarze Krähe.
Den dritten Apfel, den pflückt sich der Klaus,
das gibt einen saftigen Apfelschmaus.
Den vierten Apfel, den packt sich der Wind
und wirft ihn weit ins Gras geschwind.
Den fünften Apfel, den pflücke ich mir,
ich reib' ihn ab und schenk' ihn dir.

Textgemäß
bewegen
sich die Finger
der linken Hand,
die rechte Hand
spielt die Krähe, den
Klaus, den Wind und das
Kind selber.

MALSPIEL

MATERIAL UND HILFSMITTEL

Zeichenblock
Bunt- oder Wachsmalstifte
Zahlenwürfel

Jeder Spieler malt sich einen Baum mit vielen Ästen und 12 Früchten (Äpfel, Birnen oder Pflaumen). In die Früchte werden die Ziffern 1 bis 6 geschrieben, dabei taucht jede Ziffer zweimal auf. Nun würfeln die Kinder reihum. Das Kind, das gerade gewürfelt hat, malt die Frucht mit der Zahl an, die der Würfel anzeigt.
Wer hat seinen Baum zuerst fertig?

LUSTIGES APFELSPIEL

MATERIAL UND HILFSMITTEL

Plastikschüssel mit Wasser
kleine Falläpfel mit Stiel

Mehrere kleine Äpfel mit Stiel in der mit Wasser gefüllten Plastikschüssel schwimmen lassen. Die Kinder versuchen der Reihe nach, mit dem Mund einen Apfel „herauszufischen".

Die andern können dabei rufen:
„Apfel, Apfel, kugelrund,
schnell pack' ich dich mit dem Mund."

Wenn die Kinder das zwei- oder dreimal gerufen haben und der Spieler den Apfel noch nicht erwischt hat, ist der nächste dran.

APFELKUCHEN

ZUTATEN ZUM TEIG

400 g Vollkornmehl
150 g Ursüße, 3 Eßlöffel Honig
4 Eier
175 g Butter oder Margarine
3 Teelöffel Backpulver
1 abgeriebene Schale einer
ungespritzten Zitrone
etwas Naturvanille

ZUTATEN ZUM BELAG

1 1/2 kg Äpfel
1 bis 1 1/2 Glas Orangen- oder
Aprikosenmarmelade
200 g Honigmarzipan
Rosinen

SO WIRD'S GEMACHT

1. Die Zutaten zu einem Rührteig verarbeiten und gleichmäßig auf ein Backblech ausstreichen, das mit Backpapier ausgelegt ist.

2. Die Äpfel schälen und in dünne Scheiben schneiden. Rosinen untermischen. Zitronensaft auf die Äpfel träufeln, damit sie nicht anlaufen.

3. Kleine Flöckchen von Honigmarzipan und die Äpfel auf den Teig legen.

4. Die Marmelade darüberstreichen.

5. Im vorgeheizten Backofen 35 bis 40 Minuten bei 200 bis 250°C backen.

APFELCREME

ZUTATEN

1 kg Äpfel
4 Eßlöffel Honig
6 Eßlöffel Quark
2 Eßlöffel brauner Zucker, etwas Vanille
200 ml Schlagsahne

SO WIRD'S GEMACHT

1. Die Äpfel schälen und entkernen und in kleine Stücke schneiden.

2. 15 Minuten kochen und dann durch ein Sieb streichen.

3. Quark und Honig unterrühren.

4. Sahne steif schlagen, Zucker und Vanille zugeben. Vorsichtig unter die Apfelmasse heben.

FESTE IM WINTER

Das Spielen auf dem Hof, im Garten und auf der Wiese ist vorbei. Der Winter treibt uns mit Eis und Kälte in die Geborgenheit des Hauses. Wir entdecken wieder, wie schön es ist, uns etwas beim Schein einer Kerze zu erzählen, miteinander zu basteln, Geschichten zu hören, gemeinsam zu singen und zu musizieren.

Der Winter ist die Jahreszeit mit den vielen schönen Festen, da gibt es das Nikolausfest, Adventsfeiern und natürlich Weihnachten. Jahreszeitlich bezogen feiern wir zum Beispiel ein Schneemann- oder ein Schneeflockenfest mit Spielen für draußen im Schnee und mit Spielen für drinnen im warmen Zimmer.

VIELE TAUSEND WEISSE FLÖCKCHEN

Viele tausend weiße Flöckchen
tragen tausend weiße Röckchen,
vor dem Haus ein weißer Mann,
ja, nun fängt der Winter an!

WER BAUT DEN GRÖSSTEN SCHNEEMANN?

Die Kinder bilden zwei Gruppen. Auf los geht's los! Jede Gruppe versucht, einen möglichst großen Schneemann oder eine Schneefrau zu bauen. Die Erzieherin begrenzt die Zeit, damit sich das Spiel nicht zu lange ausdehnt. Am Schluß ruft sie:

„Nun habt ihr noch zwei Minuten,
baut ganz schnell, ihr müßt euch sputen.
Wo steht nun der größte Mann?
Schluß! Den schauen wir uns an!"

SCHNEEBALLSTAFFEL

Die Kinder bilden zwei Gruppen. Je nach Mannschaftsstärke formen sie fünf bis zehn Schneebälle, die sie vor ihre Staffel hinlegen.
In einem Abstand von etwa 15 bis 20 Metern wird ein Stock in den Schnee gesteckt.
Auf Kommando läuft das erste Kind jeder Staffel mit einem Schneeball auf dem flachen Handrücken los. Er darf beim Laufen nicht herunterfallen.
Das Kind legt den Schneeball neben den Stock, läuft rasch zurück und schlägt das nächste Kind an, das den nächsten Schneeball zum Ziel bringen darf.
Wenn ein Ball heruntergefallen ist, muß sich das Kind einen neuen Ball holen.
Sieger ist die Mannschaft, die zuerst alle Bälle ans Ziel gebracht hat.

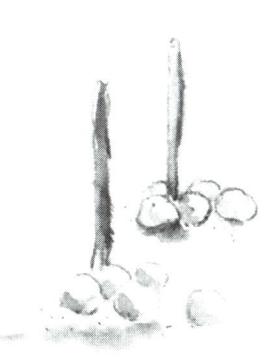

SCHNEEFLOCKENLIED

*Die Erzieherin singt die einzelnen Strophen
vor, die Kinder singen den Kehrreim nach
der Melodie: „Zehn kleine Negerlein."
Sie ahmen mit den Fingern das Schweben
und Tanzen der Schneeflocken nach. Von
Strophe zu Strophe spielen mehr Finger
mit. Kleinere Kinder lassen einfach alle Finger zappeln.*

Eine kleine Schneeflocke,
die tanzt heut hin und her.
Sie setzt sich auf das Scheunendach,
es kommen immer mehr.

*Eine kleine Schneeflocke,
die kommt selten allein.
Drum wartet nur, drum wartet nur,
es wird ja noch mehr schnein!*

Zwei kleine Schneeflocken,
die tanzen heut´ im Wind.
Sie schweben auf den Tannenbaum,
dort, wo die Zapfen sind.

*Zwei kleine Schneeflocken,
die kommen nicht allein ...*

Drei kleine Schneeflocken,
die wirbeln heut im Sturm.
Sie springen auf das Kirchendach,
hoch auf den Glockenturm.

KEHRVERS: Drei ...

Vier kleine Schneeflocken
am Zaun vor unserm Haus.
„Oh, endlich Schnee!" so ruf' ich laut
und laufe gleich hinaus.

Vier ...

Fünf kleine Schneeflocken
auf Vaters Gartenschuh.
Ach, taut doch bitte noch nicht weg!
Das läßt mir keine Ruh!

Fünf ...

Sechs kleine Schneeflocken
auf kahlem Winterbaum.
Heut nacht seh' ich ein Schneemannkind
schon stehn in meinem Traum.

Sechs ...

Sieben kleine Schneeflocken,
das wurde wirklich Zeit!
Im Keller steht das ganze Jahr
der Schlitten schon bereit.

Sieben ...

Acht kleine Schneeflocken,
nun taut doch bloß nicht weg!
Sonst haben wir schon morgen früh
nur Matsch und so viel Dreck!

Acht ...

Neun kleine Schneeflocken,
es schneit ja unentwegt.
Ganz weiß wird unsre dunkle Welt,
ich bin ganz aufgeregt.

Neun ...

Zehn kleine Schneeflocken,
Frau Holle, gut gemacht!
Ich freu' mich schon,
ich freu' mich schon
auf weiße Weihnachtsnacht!

SCHNEEWOLKE MIT FLOCKENKETTEN

MATERIAL UND HILFSMITTEL

Fotokarton in Blau oder Weiß
Wollfaden in Weiß
dünnes schwarzes Garn
Nadel
Watte oder Styroporchips
Bleistift, Schere, Klebstoff

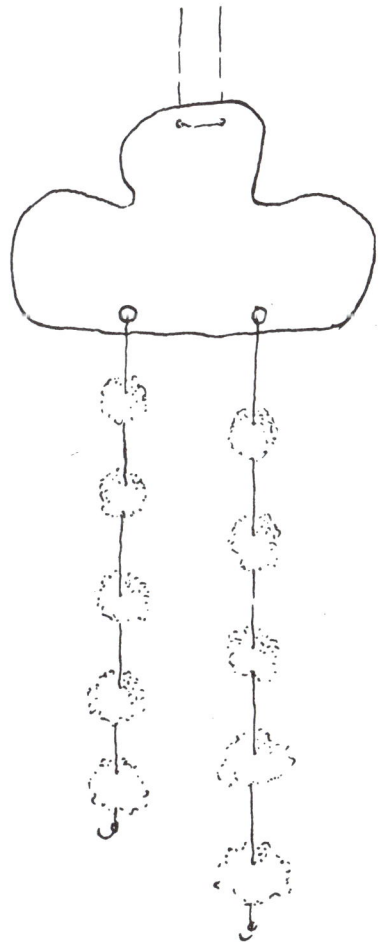

SO WIRD´S GEMACHT

1. Eine kleine Wolke aus blauem oder weißem Fotokarton ausschneiden (Durchmesser etwa 20 cm).

2. Für die Schneekette viele kleine Schneebällchen aus Watte formen oder Styroporchips verwenden.

3. Einen weißen Wollfaden von ca. 30 cm Länge in eine Nadel einfädeln. Ein Fadenende verknoten.

4. Beim Auffädeln der Flocken auf etwa gleiche Abstände achten. Nach jeder Flocke verknoten

5. Die beiden fertigen Ketten links und rechts unten durch die Wolke ziehen und verknoten.

6. Die Wolke an einem schwarzen Faden aufhängen, d. h. den Faden in der oberen Mitte durch den Karton ziehen.

7. Nach Belieben noch einige Schnee-flocken aus Watte auf die Wolke kle-ben.

(U. Weber)

WINTERFEST

SCHNEEFLOCKENPUSTEN

Zwei Kindergruppen sitzen sich am Tisch gegenüber. In die Mitte des Tisches werden einige Schneeflocken (Wattebällchen) gelegt. Nun versuchen die Kinder durch Pusten, eventuell durch Strohhalmpusten, die Schneeflocken auf die gegenüberliegende Seite des Tisches zu pusten.
Jedesmal, wenn eine Gruppe einen Schneeball über die Tischkante der anderen Mannschaft geblasen hat, bekommt sie einen Punkt. Die Gruppe, die als erste fünf Punkte erreicht hat, ist Sieger.
Die Erzieherin kann dabei rufen:
„Flocken, Flocken, fliegt im Wind, wir pusten, wir pusten euch geschwind."

SCHNEEMANN-STEMPELN

MATERIAL UND HILFSMITTEL
Tonpapier in Blau oder Rot, Reste von Tonpapier in Rot und Schwarz
Malfarbe in Weiß
Korken
Würfel
Bleistift, Schere, Klebstoff

Auf ein Blatt Tonpapier zwei Kreise als Umriß eines Schneemanns zeichnen. Jeder Mitspieler erhält ein solches Blatt, dazu einen Korken und eine kleine Schale mit weißer Farbe.
Nun reihum würfeln. Jeder Spieler darf die gewürfelte Augenzahl in Stempelabdrücke für seinen Schneemann umsetzen. Dazu den Korken in die weiße Farbe tauchen und am Außenrand beginnend den Schneemann ausstempeln.
Ist die Fläche ausgefüllt, die Farbe trocknen lassen. Dann Knöpfe, Augen, Mund, Nase, Hut und Besen aus Tonpapier ausschneiden und aufkleben.

(U. Weber)

SCHNEEBÄLLE

ZUTATEN

100 g gemahlene Mandeln
180 g Feigen
100 g Rosinen
100 g Vollkornhaferflocken
2 bis 3 Eßlöffel Honig
Kokosraspel

SO WIRD´S GEMACHT

1. Die Feigen und Rosinen im Mixer zer-kleinern.

2. Die gemahlenen Mandeln, die Hafer-flocken und den Honig daruntermischen und alles zu einem weichen Teig ver-kneten.

3. Bällchen formen und in den Kokos-raspeln wälzen. Dann trocknen lassen.

SCHNEEMANNS ROTER GLÜHPUNSCH

ZUTATEN

1 Flasche Kirschsaft oder andere rote Fruchtsäfte oder roten Früchtetee
1 Stückchen Stangenzimt
1 Nelke
1 Zitrone oder Apfelsine (ungespritzt)
Honig zum Abschmecken

SO WIRD´S GEMACHT

1. Den Saft mit Nelke, Zimtstange und einigen Zitronen- bzw. Apfelsinen-scheiben in einen Topf geben und erwärmen.

2. Mit Honig abschmecken und die Zitronenschale, die Nelken und die Zimtstange herausnehmen.

3. Nun das heiße Getränk in Gläser füllen (Vorsicht: Löffel hineinstellen) und mit eingeschnittenen Zitronenscheiben dekorieren.

Tip: Besonders hübsch sieht es aus, wenn die Glasränder vorher mit Zitronensaft bestrichen und in Hagelzucker getaucht werden, das wirkt wie ein Schneerand.

Und was sagt der Schneemann dazu?

„Macht mir den Glühpunsch nicht zu heiß, ich halt mich lieber an Schnee und Eis."

WINTERFEST

Das Nikolausfest am 6. Dezember kann mit dem „Besuch" des Heiligen gefeiert werden: Der Vater eines Kindes stellt den Nikolaus dar. Seine Einkleidung geschieht vor den Augen der Kinder. Dabei erklären wir ihnen, daß die Gestalt des Nikolaus auf einen historischen Bischof zurückgeht. Mantel und Mitra sind seine bischöflichen Zeichen. Der Bischofsstab soll an den Hirtenstab erinnern. Ein Bischof hat für seine Gemeinde zu sorgen wie ein Hirte für seine Schafe. Auch das Wort Pastor bedeutet: „Hirte".

Die Mitra, der Umhang und der Stab „unseres" Nikolauses haben wir mit den Kindern und einigen Eltern selbst angefertigt.

Wenn der Nikolaus erscheint, empfangen wir ihn mit einem gemeinsamen Lied. Der Nikolaus erzählt den Kindern Legenden aus dem Leben des Heiligen oder wir führen ein Nikolausspiel auf.

Selbstgebastelte Gaben der Kinder, die sie dem Nikolaus zum Weiterschenken mitgeben, entsprechen dem Gedanken des Teilens und Helfens am Nikolaustag. Und die Kinder freuen sich über die kleinen Geschenke, die ihnen der Nikolaus mitbringt.

Wenn der Nikolaustag auf diese Weise gefeiert wird, dann ist der Heilige Nikolaus keine vordergründige, rutenschwingende Erziehungshilfe mehr. Er erscheint als beispielgebender väterlicher Freund, als Bote Gottes.

WARTEN AUF ST. NIKOLAUS

Für kleinere Kinder bietet sich ein Tastspiel mit Früchten, die es in der Weihnachtszeit gibt, an. Den Kindern werden die Augen verbunden, und eine Frucht nach der anderen darf ertastet werden. Besonders gut eignen sich Rosinen, Pampelmusen, Orangen, Mandarinen, Bananen, Haselnüsse, Walnüsse, Mandeln, Äpfel, Birnen und Pflaumen. Die Erzieherin ruft:

„Was liegt in dieser Hand denn hier?
Befühl es gut und sag es mir!"

SUCHSPIEL MIT LIEDERN

Ein Kind wird vor die Tür geschickt. Dann werden kleine Weihnachtsmänner aus Schokolade, selbstgebackene Kekse, Nüsse usw. im Zimmer versteckt. Nun geht die Suche los, das Kind darf hereinkommen. Die übrigen Kinder singen ein Weihnachtslied, das immer lauter wird, je mehr sich das Kind dem gesuchten Gegenstand nähert, z. B. „Morgen kommt der Nikolaus" oder „Bald nun ist Weihnachtszeit". Wenn der gesuchte Gegenstand in Greifnähe liegt, bricht der Gesang plötzlich ab. Die Erzieherin ruft:

„Eins, zwei, drei, vier – es liegt nun vor dir!
Eins, zwei, drei, vier – greif zu, hol es dir!"

Hat das Kind den gesuchten Gegenstand gefunden, darf ein anderes vor die Tür.

NIKOLAUS BEGRÜSST DIE KINDER

„Ich grüße euch alle in diesem Haus,
nun bin ich da, St. Nikolaus.
Ich komme zu euch in der dunklen Zeit,
macht euer Herz für die Christnacht bereit.
Die frohe Zeit, sie bricht nun an,
ich zeig euch, wie man teilen und helfen kann.
Ich bring meine Gaben in euer Haus
und leere den großen Sack für euch aus."

DIE KINDER DANKEN IHM

Wenn der Nikolaus seine Gaben austeilt, können die Kinder ihn einzeln beschenken:

„Nikolaus, wir danken dir,
ich bringe dir mein Sternchen hier."

„Nikolaus, wir danken dir,
ich bringe dir die Zeichnung hier."

„Nikolaus, wir danken dir,
ich bringe dir mein Apfelmännchen hier."

ST. NIKOLAUS

DIE TIERE WARTEN AUF DEN NIKOLAUS

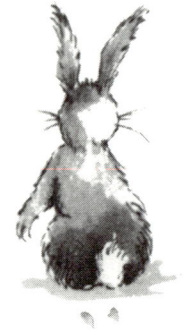

Die Kinder sitzen im Stuhlkreis. Ein älteres Kind, die Erzieherin oder ein Vater warten vor der Tür als Nikolaus. Man kann schon das Stampfen der schweren Stiefel hören.

Nun spielen einzelne Kinder die angegebenen Tiere. Die Krähe sitzt erhöht auf einem Tisch und späht nach dem Nikolaus aus. Die Eule schlägt mit den Flügeln und ruft laut ihren Eulenruf. Der Hase hat die Trommel umgebunden und trommelt zur Ankunft des Nikolaus. Der Igel trippelt umher, das Eichhörnchen flitzt geschwind durch die Stühle hindurch; es kann auch von einem erhöhten Platz herunterspringen. Der Bär tappt schwerfällig im Kreis herum und bläst seine Posaune, der Fuchs spielt seine Geige, das gleiche macht das Reh mit seinem Horn. Das Wildschwein stampft grunzend herum, während der Mäuserich ausgelassen tanzt. Den Kehrvers singen alle Kinder mit. Dann teilt der Nikolaus seine Gaben aus.

Das Singspiel wird nach der Melodie von
„Der Kuckuck und der Esel" gesungen:

KEHRVERS:
Piep, piep, schnarr, schnarr,
brumm, brumm.
Piep, piep, schnarr, schnarr,
brumm, brumm.
Piep, piep, schnarr, schnarr,
brumm, brumm, brumm, brumm,
im Wald ist niemand stumm.

1. Glaubt nicht, es ist ganz leise,
   im Wald zur Winternacht!
   Wenn Niklaus durch den Schnee stapft,
   dann wird Musik gemacht.

2. Die Krähe auf der Tanne
   guckt sich die Augen aus.
   Auf einmal ruft sie: Endlich!
   Ich seh' den Nikolaus!

3. Los, Eule, heb die Schwingen
   und heul ganz laut: Schuhu!
   Wecke auch den Siebenschläfer
   aus seiner Winterruh!

4. Schnell, Fips, du brauner Hase,
   spring flink auf deinen Stein
   und schlag mit hartem Schlegel
   laut auf die Trommel ein!

5. Komm, Stachelfritz, beeil dich,
   heraus aus deinem Nest!
   Ruft Eichhörnchen Mathilde,
   bald ist doch Weihnachtsfest!

6. Du kannst den Brummbaß spielen,
   Posaune bläst der Bär!
   Der tappt mit schweren Pfoten
   aus seiner Höhle her.

7. Der Fuchs, der spielt die Geige,
   das Reh, das steht ganz vorn
   und bläst mit spitzen Lippen
   ganz laut dazu das Horn.

8. Das Wildschwein, das will singen,
   es grunzt ganz fürchterlich.
   Da schwingt ganz keck die Beine
   der flotte Mäuserich.

9. So klingt es durch die Tannen,
   St. Niklaus hört's von fern.
   Es leuchtet ihm die Wege
   der helle Weihnachtsstern.

10. Der Esel schleppt die Säcke,
    St. Niklaus teilt gern aus.
    Die Nüsse für Frau Eichhorn
    und für die kleine Maus.

11. Er hat für alle Tiere
    was Gutes mitgebracht.
    Am Baum die Kerzen brennen
    im Wald zur Weihnachtsnacht.

ST. NIKOLAUS

NIKOLAUSKOSTÜM

MATERIAL UND HILFSMITTEL

2 rot gefärbte Bettlaken
Nähmaschine
Nähgarn
Schere, Stecknadeln usw.
dicke Wolle in Rot
Zeitungspapier
starke Goldfolie
Alufolie
Nagel oder Stricknadel
Hefter und Heftklammern
Besenstiel
stabiler, biegsamer Draht
Blumendraht
kleine Kombizange

SO WIRD´S GEMACHT

1. Für das Gewand des Nikolaus zwei Laken so zusammennähen, daß in der Mitte ein Loch für den Kopf des Spielers bleibt.

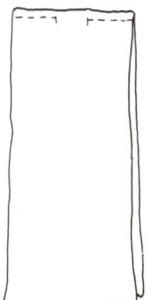 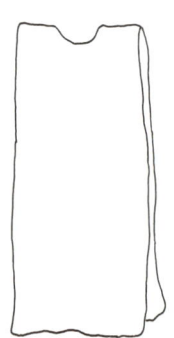

2. Aus der Wolle einen Gürtel flechten oder eine Kordel drehen.

3. Die Mitra aus Gold-folie anfertigen: Die Form aus Zeitungs-papier schneiden. Den abgebildeten Streifen je nach Kopfgröße verlängern.

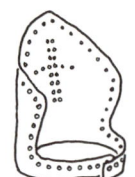

4. Den Schnitt auf die Goldfolie legen und die Umrisse ausschneiden.

5. Mit einem Nagel oder einer Stricknadel Muster und das Kreuz hinein-drücken.

6. Für den Bischofsstab den stabilen Draht nach der Zeichnung biegen und am Besenstiel befestigen.

7. Die Spirale mit geknülltem Zeitungspapier, Blumen-draht und Alufolie um-wickeln.

KLEINES NIKOLAUSSPIEL

Huckepack, huckepack,
Niklaus trägt den schweren Sack.
Huckepack, huckepack,
Niklaus trägt den schweren Sack.

Niklaus, stell den Sack doch hin,
schaut, was ist im Sack denn drin?

Eine Pfeife für den Vater,
für die Oma ein Buch,
für den Mark die Kassette
und für Mutter ein Tuch.

Für die Katze ein Wollknäuel
und aus Stoff eine Maus,
für die Susi die Puppe
und den Teddy für Klaus.

Für den Hamster eine Leiter,
und wann komm ich denn dran?
Ich mach zu meine Augen,
wißt ihr, was ich fühlen kann?

Ja, das lag noch ganz unten
in dem schweren, schweren Sack,
und nun trägt ihn der Niklaus
wieder hucke, huckepack.

Und bald kommst du, lieber Niklaus,
doch bestimmt auch zu mir.
Wir zünden ein Licht an,
und wir öffnen die Tür.

Die Kinder gehen gebückt im Kreis und tragen den Sack auf dem Rücken.

Die Kinder halten an, stellen den Sack ab, setzen sich hin, linke Hand zum Sack geformt, rechte Hand greift hinein und hält die „Gegenstände" hoch.

Tief hineingreifen, Augen schließen, jeder flüstert seinen Weihnachtswunsch dabei.

Die Kinder stehen wieder auf, stapfen mit dem Sack auf dem Rücken im Kreis herum.

Zwei Kinder bilden eine „Tür", durch die alle Kinder hindurchziehen.

ST. NIKOLAUS

Am ersten Adventssonntag beginnen die Vorbereitungen für das schönste Fest im Jahr, für Weihnachten. Im Kindergarten und in den Familien werden in den kommenden Wochen Dekorationen und Geschenke gebastelt, Lieder geübt und Plätzchen gebacken. Mit kleinen täglichen Aktionen wollen wir das Warten auf das Fest verkürzen und die Freude verstärken.

An allen Tagen im Advent versammeln wir uns um dem Adventskranz. Jeden Tag öffnet ein anderes Kind eine Tür des selbstgebastelten Adventskalenders, oder es darf ein Säckchen mit einer kleinen Überraschung vom Kalender abschneiden.

Anschließend spielen, singen, lesen, basteln oder backen wir etwa eine halbe Stunde lang. Es entstehen weihnachtliche Dekorationen für den Gruppenraum oder kleine Weihnachtsgeschenke für Geschwister, Eltern und Großeltern.

Mit größeren Kindern können wir ein kurzes Krippenspiel (siehe Seite 68 ff.) einstudieren, das sich mit einfachen Kostümen und wenig Inszenierungsaufwand realisieren läßt. Es wird bei der Weihnachtsfeier aufgeführt.

ADVENTSLIED

1. Am Kranz die erste Kerze brennt,
   wir alle feiern den Advent.
   Ich will dir heimlich sagen,
   was ich wünsch' in diesen Tagen:

KEHRVERS:

   Leuchte, leuchte in die weite Welt,
   Licht, das uns erhellt.
   Leuchte, leuchte in die weite Welt,
   Licht, das uns erhellt.

2. Am Kranz die zweite Kerze brennt,
   wir alle feiern den Advent ...

3. Am Kranz die dritte Kerze brennt,
   wir alle feiern den Advent ...

4. Am Kranz die vierte Kerze brennt,
   wir alle feiern den Advent.
   Ich will dir ganz laut sagen:
   Kommt, wir wollen uns vertragen!
   Frieden, Freude, uns und aller Welt,
   Licht, das uns erhellt.
   Frieden, Freude uns und aller Welt,
   Licht, das uns erhellt.

ADVENTSKALENDER NIKOLAUSSÄCKCHEN

MATERIAL UND HILFSMITTEL

Filzreste
Nähgarn, Nähnadel
selbstklebende Zahlen
bunte Kordel, Stopfnadel
Schere

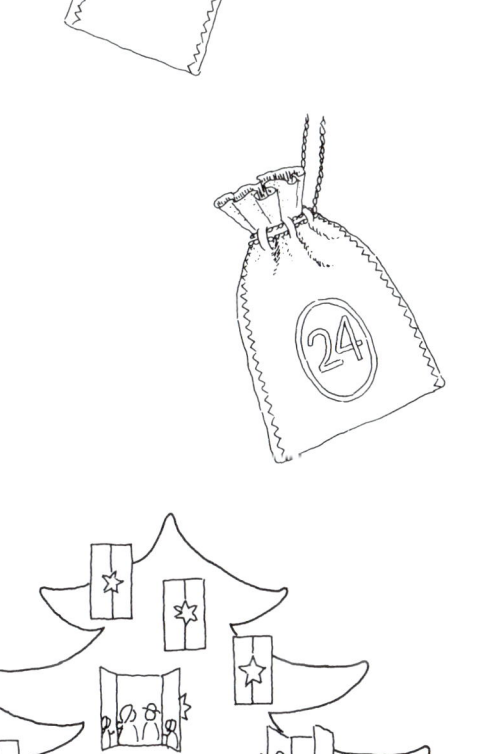

SO WIRD'S GEMACHT

1. 23 Filzstücke, 6 x 20 cm, 1 Filzstück von 9 x 22 cm ausschneiden.

2. Entlang der kurzen Mittellinie falten und an den Seiten zusammennähen.

3. Zahlen aufkleben.

4. 3 cm vom oberen Rand Stege ein- schneiden, Kordel durchziehen. Alle Säckchen auf eine Kordel reihen.

(H. Grelak)

TANNENBAUMKALENDER

MATERIAL UND HILFSMITTEL

Fotokarton
24 Zeichenblätter
Farbstifte, Schere, Klebstoff

SO WIRD'S GEMACHT

1. Zeichenblätter falten.

2. Innenseite bemalen, außen Sterne aufmalen.

3. Tannenbaum aus Fotokarton schnei- den und die Faltblätter aufkleben.

STERNENLEUCHTE

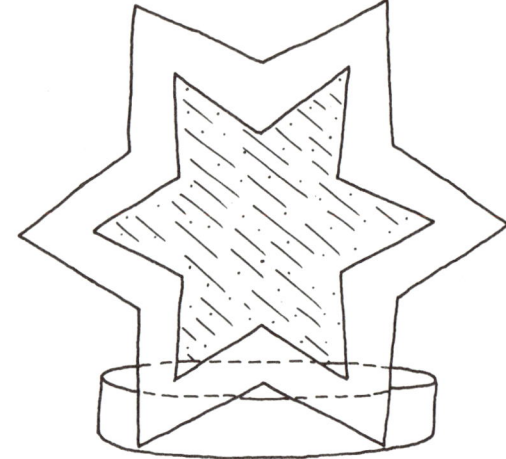

MATERIAL UND HILFSMITTEL

Fotokarton
Transparentpapier
Bleistift, Klebstoff, Schere
Teelicht

SO WIRD´S GEMACHT

1. Den Stern nach der Zeichnung aus Fotokarton ausschneiden und mit Transparentpapier hinterkleben.

2. Einen Streifen, 2 x 18 cm, aus Fotokarton ausschneiden und zu einem Ring zusammenkleben.

3. Den Ring so hinter den Stern kleben, daß er mit zwei Zacken auf dem Boden steht.

4. Ein Teelicht in den Ring stellen.

(U. Weber)

SCHWIMMENDE LICHTER

MATERIAL UND HILFSMITTEL

kleine Joghurtbecher
Teelichter
Schüssel mit Wasser
Zahlenwürfel

SO WIRD´S GEMACHT

1. Die Teelichter in die Joghurtbecher setzen und die Becher etwa zur Hälfte mit Wasser füllen.

2. Die Schüssel mit Wasser füllen und die Lichterbecher hineingeben.

3. Reihum würfeln. Wer eine Eins würfelt, muß mit einem Teelichtbehälter Wasser in sein Schiff, also einen Jogurtbecher, füllen. Allmählich werden die Schiffe sinken und die Lichter verlöschen. Welches Schiff versinkt zuletzt?

FINGERSPIEL FÜR DIE WEIHNACHTSZEIT

Auf die Melodie „Bald nun ist Weihnachtszeit"

Bald nun ist Weihnachtszeit, fröhliche Zeit,
wir warten alle, daß es jetzt schneit.

Winterwind tobt, heult und braust um das Haus,
Frau Holle, wann schüttelst die Betten du aus?
Die Kinder blasen durch die hohle Hand.

Und heute morgen, wißt ihr, was ich seh?
Lauft doch ans Fenster – alles voll Schnee!
Fenster in die Luft malen, durchgucken.

Flocken, die tanzen und schweben von weit,
los, einen Schneemann, den bauen wir heut.
Mit den Fingern Flocken tanzen lassen.

Rollt eine Kugel, kommt alle her,
und eine zweite, das ist ja nicht schwer!
Mit den Händen Kugeln in der Luft rollen.

Nun noch der Kopf, der soll oben dran,
und schwarze Kohlen, die kleben wir an!
„Kohlen" ankleben.

Fünf dicke Steine für den Bauch,
und Vaters Pfeife, die kriegt er auch.
„Fünf Steine und die Pfeife" ankleben.

Eine Rübe als Nase, und für den Kopf
holen wir Mutters alten Topf.
„Rübe" einstecken, „Topf" aufsetzen.

Nun noch der Besen – o wie schön
ist unser Schneemann anzusehn!
„Besen" einstecken.

Liebe Sonne, schein nicht so warm,
sonst schmilzt dem Schneemann
der Kopf und der Arm.
Sonne in die Luft malen.

Schneewind, so blase immer mehr,
schick uns die Flocken und Eiszapfen her!
Durch die hohle Hand blasen.

Komm, liebe Weihnachtszeit, fröhliche Zeit,
wir freun uns alle, daß es jetzt schneit.

ADVENT

WEIHNACHTSKARTEN

MATERIAL UND HILFSMITTEL

Elefantenhaut (Dokumentenpapier) in
DIN A4
Japanpapier in DIN A5
Bleistift, Schere, Klebestift

SO WIRD´S GEMACHT

1. Die Elefantenhaut entlang der kürze-
   ren Mittellinie falten.

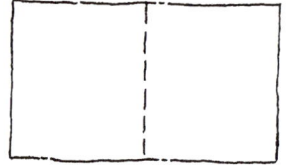

2. Eine Seite nochmals zur Mitte hin falten.

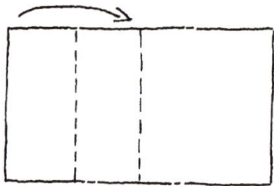

3. Aus dem linken Faltteil ein Fenster
   ausschneiden.

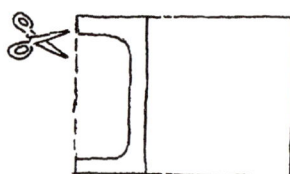

4. Das Fenster mit Japanpapier hinterkleben.

5. Aus dem herausgeschnittenen Papier
   ein weihnachtliches Motiv ausschneiden und auf die Vorderseite der Karte
   kleben.

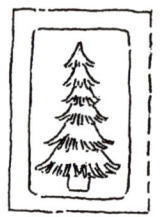
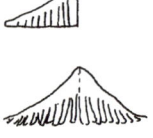

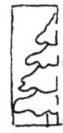

(M. Schacherbauer)

WEIHNACHTSZWERG

MATERIAL UND HILFSMITTEL

Tonpapier in Rot und Hautfarbe
Zeichenkarton in Weiß
Filzstifte
Goldfaden
Nadel
Bleistift, Schere, Klebstoff

SO WIRD´S GEMACHT

1. Die Körperform und Mütze auf rotes, das Gesicht auf hautfarbenes Tonpapier, Bart, Knöpfe und Bommel auf weißen Karton übertragen und ausschneiden.

2. Den Bart bis zur Markierung aufkleben, darauf das Gesicht.

3. Mit Filzstiften Augen, Nase und Mund aufmalen.

4. Knöpfe und Bommel aufkleben.

5. Den Aufhängefaden am Mützenrand befestigen.

(G. Erhardt)

STERNE AM LAUFENDEN BAND

MATERIAL UND HILFSMITTEL

dünne Pappe (z. B. Heftdeckel)
Reste von buntem Weihnachtspapier
Bleistift, Klebstoff, Schere
Nadel
Gold- oder Silberfaden

SO WIRD'S GEMACHT

1. Mit der Sternenschablone (oder mit einem Backförmchen) die Sternenform zweimal auf die Pappe übertragen und ausschneiden.

2. Vorder- und Rückseite mit Weihnachtspapier bekleben und ausschneiden.

3. Die beiden Sterne jeweils einmal bis zum Mittelpunkt einschneiden und ineinanderstecken.

4. Aufhängefaden durchziehen.

(B. Zühlsdorff)

GLITZERNDE TANNENZAPFEN

MATERIAL UND HILFSMITTEL

Schüssel mit warmem Wasser
125 g Salz
Tannenzapfen

SO WIRD'S GEMACHT

1. Das Salz im warmem Wasser auflösen.

2. Die Tannenzapfen eintauchen und zum Trocknen aufhängen.

HERZTÄSCHCHEN

MATERIAL UND HILFSMITTEL

Zeichenpapier in Weiß oder Folie in zwei verschiedenen Farben, z. B. in Gold und in Rot
Bleistift, Schere, Lineal, Klebstoff
Filzstifte oder Klebesterne

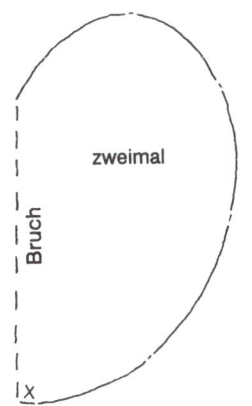

SO WIRD´S GEMACHT

1. Papier oder Folie falten und das Muster zweimal aufzeichnen.

2. Die zwei ausgeschnittenen Herzhälften so zusammenlegen, daß die Bruchkanten außen sind. Nun eine Hälfte etwas öffnen und die zweite hineinlegen, dabei liegen x und x aufeinander und bilden die Spitze. Die Rundungen zur Herzform schieben, dann die Hälften von beiden Seiten zusammenkleben.

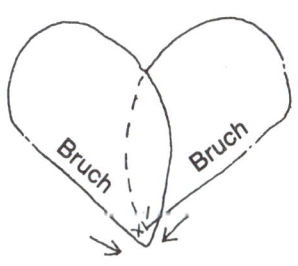

3. Für den Henkel einen Streifen von 1 cm x 14 cm zuschneiden und innen festkleben.

4. Die Täschchen mit Filzstiften oder mit Klebebildchen verzieren.

Tip: 24 Herzchen, mit einer kleinen Überraschung gefüllt, ergeben einen schönen Adventskalender.

(G. Erhardt)

ADVENT

EIN FENSTER ZUM VERSCHENKEN

MATERIAL UND HILFSMITTEL

Tonpapier
Transparentpapier in Gelb, Grün
Goldfolie
Bleistift, Schere, Klebstoff

SO WIRD´S GEMACHT

1. Einen Streifen Tonpapier zuschneiden:

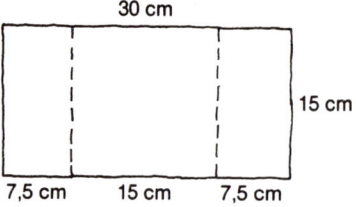

2. Den Streifen in drei Abschnitte einteilen und die beiden Seitenteile über
den Mittelteil falten.

3. Die beiden oberen Ecken wie bei
einem Torbogen abrunden.

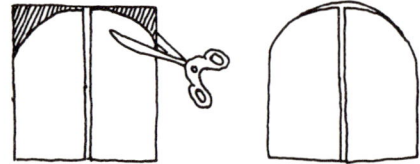

4. Das Fenster öffnen. Das Innere heraus-
schneiden und mit gelbem Transparentpapier hinterkleben.

5. Tannenbäume aus gefaltetem, grünem
Transparentpapier ausschneiden.

6. Die Tannenbäume auf der Vorderseite
des Fensters aufkleben.

7. Kleine Sterne aus Goldfolie ausschneiden und über den Tannen am Himmel
fixieren.

8. Die Fensterflügel schließen und sie mit
etwas größeren Sternen aus Goldfolie
schmücken.

*Tip: Anstelle der Tannen Engel, die Heiligen
Drei Könige oder die Krippe aus Transparentpapier ausschneiden und aufkleben.*

(E. Scharafat)

AUF DEM HIRTENFELD

Seht ihr das Zelt
auf dem Hirtenfeld?
Der eine Hirte steht davor
und guckt zum hellen Stern empor.

*Mit den Händen das Zelt
formen. Der Daumen wird
als Schafe hochgereckt.*

Mäh, mäh, mäh,
da ist das Feld mit den Schafen.
Mäh, mäh, mäh,
die Schafe liegen und schlafen.

*Nun sind die Finger die
Schafe. Sie laufen eine Weile
mähend herum, legen sich
dann zum Schlafen nieder.*

Wau, wau, wau,
der Hütehund, der hält die Wacht,
läuft um die Herde die ganze Nacht.
Wau, wau, wau.

*Die Finger der linken Hand
liegen ausgestreckt als
schlafende Schafe da. Der
Zeigefinger der rechten
Hand umkreist die Herde.*

Kling, ling, ling.
Hört ihr's in der Ferne klingen?
Engel sind es, die hell singen.
Kling, ling, ling.

Wir bringen euch gute Nachricht mit,
lauft los, lauft los mit schnellem Schritt.
Es ist heut nacht etwas geschehn,
ihr dürft das Kind in der Krippe sehn.

*Die Finger der rechten
Hand kommen durch die
Luft geflogen.*

Trippe, trippe-trapp,
schon geht's über Stock und Stein
nach Bethlehem in den Stall hinein.
Trippe, trippe-trapp.

*Die Finger der rechten
Hand trippeln als Hirten
eilig fort.*

Kommt alle herbei,
da liegt das Kind im Heu.
Es lacht uns an im harten Stroh,
macht dich und mich und alle froh.

ADVENT

GEFÜLLTE FRÜCHTE

ZUTATEN

etwa 10 getrocknete, ungeschwefelte
Pflaumen
etwa 15 getrocknete, ungeschwefelte
Datteln
50 g Korinthen
50 g Haselnüsse
50 g Walnüsse
1/2 Teelöffel Zitronenschalengranulat
1/2 Teelöffel Orangenschalengranulat
1 Prise Nelkenpulver
1 Prise Zimt
1/2 Teelöffel Vanillepulver
1 Eßlöffel Orangensaft
1 Eßlöffel Ahornsirup

SO WIRD´S GEMACHT

1. Die Früchte vorsichtig entsteinen und
   eine Vertiefung einritzen, ohne sie
   durchzuschneiden.

2. Dann die Korinthen kleinschneiden
   und die Nüsse mahlen.

3. Mit den Gewürzen, dem Sirup und
   dem Saft mischen und die Masse vorsichtig in die Früchte füllen.

*Tip: Bis zum Verzehr in einem verschlosse-
nen Gefäß im Kühlschrank aufbewahren.*

SIEBEN-KERNE-KEKSE

ZUTATEN

60 g Butter
60 g Ursüße
60 g Honig
50 g Orangeat
50 g Zitronat
300 g gemischte Kerne (Pinienkerne,
Walnüsse, Sonnenblumenkerne, Haselnüsse, Cashewnüsse, Pistazienkerne,
Sesamkerne)
3 Eßlöffel Vollkornmehl
etwa 50 Vollkornoblaten

SO WIRD´S GEMACHT

1. Die Butter kurz mit dem Zucker und
   dem Honig erhitzen.

2. Das kleingeschnittene Orangeat, das
   Zitronat, die gehackten Kerne und das
   Mehl darunterrühren.

3. Backpapier auf die Bleche legen und
   die Oblaten darauf verteilen.

4. Die Masse mit einem Teelöffel auf den
   Oblaten leicht festdrücken.

5. Die Nußoblaten etwa 18 Minuten bei
   200°C backen.

HONIGPLÄTZCHEN FÜR DEN TANNENBAUM

ZUTATEN

125 g flüssiger Honig
250 g feingemahlener Weizen
100 g feingemahlener Hafer
100 g Haselnüsse, feingerieben
je 1 Teelöffel Zitronenschalen- und
Orangenschalengranulat
1/2 Teelöffel Naturvanille
etwas Ingwerpulver
1/2 Teelöffel Pfefferkuchengewürz
1/2 Teelöffel Backpulver
etwa 50 ml Milch
2 Eier
Mandeln, Kürbiskerne, Mohn,
Sesam und Pistazien

SO WIRD´S GEMACHT

1. Die Eier schaumig schlagen und den Honig zugeben.

2. Das Mehl mit der Milch, den Gewürzen, dem Backpulver und den Haselnüssen vermischen. Alles zur Eiermasse geben.

3. Den Teig durchkneten und soviel Mehl dazugeben, daß man den Teig leichter ausrollen kann.

4. Mit Ausstechformen Weihnachts-figuren ausstechen: Tannenbäume, Sterne, Halbmonde, Vögel.

5. Mit einer Stricknadel ein Loch in den Teig stechen, damit man die Plätzchen am Weihnachtsbaum aufhängen kann.

6. Die Plätzchen mit Mandeln, Kürbis-kernen, Mohn, Sesam und Pistazien verzieren.

7. Bei 180°C etwa 25 Minuten backen.

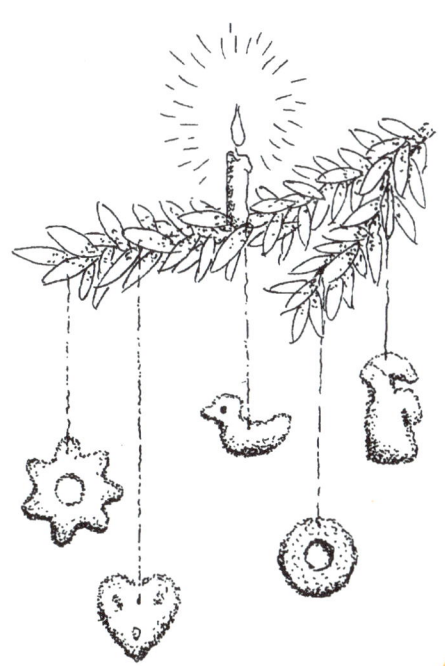

I n den letzten Tagen der vierten Adventswoche findet meist eine Weihnachtsfeier des gesamten Kindergartens statt. Eltern, Geschwister und Großeltern der Kinder sind eingeladen. Für die Programmgestaltung gibt es z. B. die Möglichkeit, in mehreren Gruppenräumen Bastelaktionen, einen kleinen Weihnachtsbasar, Kaffee, Kuchen und Gebäck anzubieten (siehe Gestaltungsvorschläge und Rezepte Seite 58 ff.). Höhepunkt der Veranstaltung kann die Aufführung eines kleinen Krippenspiels sein. Publikum und Akteure sitzen im Kreis.

Zum Abschluß der Weihnachtsfeier wird den Eltern ein kleines Geschenk überreicht, das die Kinder in der Adventszeit gebastelt haben.

KLEINES KRIPPENSPIEL

Das Spiel kann aus dem Kreis heraus aufgeführt werden. Die Wirtsleute haben Schilder umgehängt, auf denen die Namen ihrer Wirtshäuser gemalt sind, z. B. ein Lamm, ein Ochse, ein goldener Löwe. Ein Kind hält einen goldenen Stern an einem langen Stab. Zu Beginn singen alle das Eingangslied auf die Melodie „Ihr Kinderlein, kommet". Dabei gehen Maria und Josef in weitem Bogen um den Kreis herum.

Maria und Josef,
die ziehen durch den Wald.
Sind dunkel die Nächte,
der Wind weht so kalt.

Es leuchtet als Zeichen
von Gott, unserm Herrn,
am Himmel dort droben
der goldene Stern.

Maria: O Josef, meine Füße tun weh,
ich kann nicht mehr gehen in Eis und in Schnee!

Josef: Maria, ich kann schon Bethlehem sehn,
nun wird uns gar nichts mehr geschehn!
So schau, da vorne brennt ein Licht,
nimm meinen Arm und fürcht' dich nicht!

Maria und Josef treten in den Kreis hinein.
Josef klopft mit seinem Stab beim ersten Wirt
auf den Boden.

Josef: Herr Wirt, Herr Wirt, kalt weht der Wind,
wir brauchen ein Bett für Mutter und Kind.

1. Wirt: Es schläft schon alles, Mensch und Tier,
heut bleibt geschlossen meine Tür!

Josef klopft mit dem Stab beim zweiten Wirt
auf den Boden.

Josef: Herr Wirt, Herr Wirt, kalt weht der Wind,
wir brauchen ein Bett für Mutter und Kind.

2. Wirt: Seit Tagen ist schon voll mein Haus,
zieht weiter in die Nacht hinaus!

Josef klopft mit dem Stab beim dritten Wirt
auf den Boden.

Josef: Herr Wirt, Herr Wirt, kalt weht der Wind,
wir brauchen ein Bett für Mutter und Kind.

3. Wirt: Ihr armen Menschen tut mir leid
in dieser kalten Winterzeit.
Bis oben hin ist voll mein Haus,
doch führ' ich euch zum Stall hinaus.

3. Wirt:	*Er nimmt die Laterne und ein Bündel Heu mit.*

**Folgt mir, hier ist ein Bündel Heu,
der Ochs und Esel stehen dabei.
Die Decken nehmt für Mutter und Kind,
sie halten euch warm bei Schnee und Wind.**

Der Wirt führt Maria und Josef zur Krippe. Das Kind mit dem Stern tritt neben die Krippe, die anderen Kinder kommen mit ihren Gaben heran. Die Kinder singen die erste Strophe von „Ihr Kinderlein kommet".

| 1. Kind: | **Den Arm voll Holz, das bring' ich euch,
der Josef kocht die Suppe gleich.** |
|---|---|
| 2. Kind: | **Ich komme mit frischem Wasser her,
der Eimer ist so groß und schwer.** |
| 3. Kind: | **Die Mutter gab Mütze und Jäckchen mir,
bald passen sie, du Kindlein, dir.** |
| 4. Kind: | **Ich habe Brot und Butter gebracht,
daß Maria und Josef nicht hungern bei Nacht!** |
| 5. Kind: | **Ich komme mit vielen Kerzen gerannt,
hab' auch die Laterne hier in der Hand.** |
| 6. Kind: | **Das weiße Fell, das hält dich warm.** |
| 7. Kind: | **Ich hab' den Korb mit Früchten am Arm.** |
| 8. Kind: | **Mein Puppenkind kann Mama schrein,
es soll das Geburtstagsgeschenk von mir sein.** |
| Maria: | **Ihr lieben Kinder, wir danken euch alle,
nun sind wir nicht mehr allein hier im Stalle.
Kommt näher an die Krippe, seht,
die Tür für alle offensteht.** |
| Josef: | **Ihr dürft nah an die Krippe treten,
wir wollen danken und singen und beten.** |
| | *Die Kinder kommen alle an die Krippe heran und knien nieder.* |
| Maria: | **Da liegt mein Kind auf Heu und Stroh,
das macht alle Menschen frei und froh.** |

Dann singen alle ein Lied, z. B. das folgende:

ALLE JAHRE WIEDER

Alle Jahre wieder
kommt das Christuskind
auf die Erde nieder,
wo wir Menschen sind.

Kehrt mit seinem Segen
ein in jedes Haus,
geht auf allen Wegen
mit uns ein und aus.

Kommt doch her zur Krippe,
tretet alle ein!
Seht das Kind im Stalle
will euer Bruder sein.

Hört die Engelsbotschaft:
Fürchtet euch doch nicht!
Und auf unsern Wegen
glänzt uns Gottes Licht.

GEWÜRZSÄCKCHEN

MATERIAL UND HILFSMITTEL
Lavendel
Zimt, Anis, Nelken (alles gemahlen)
Goldband
eventuell Buchszweig
Stoffreste, Nähgarn, Nähmaschine

SO WIRD'S GEMACHT

1. Aus Stoffresten mit Nahtzugabe 22 x
   16 cm große Stücke zuschneiden und
   10 x 7 cm große Säckchen nähen.

2. Die Kinder füllen die Säckchen etwa
   1/3 voll mit Gewürzen.

3. Das Säckchen fest
   mit einem Gold-
   band zubinden
   und Buchsbaum
   o.ä. befestigen.

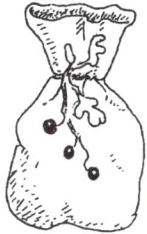

(M. Schacherbauer)

DUFTENDER WEIHNACHTS-IGEL

MATERIAL UND HILFSMITTEL
Zitrone
Nelken
Streichhölzer
Nadel

SO WIRD'S GEMACHT

1. Mit der Nadel vorsichtig kleine Löcher
   in die Zitrone stechen.

2. Die Zitrone rundherum mit Nelken
   bespicken, dabei Augen und Schnauze
   nicht vergessen.

3. Halbierte Streichhölzer als Beine einstecken.

In vielen Gegenden Deutschlands wird am 6. Januar das Fest der Heiligen drei Könige gefeiert. An diesem Tag ziehen viele Kinder, als Heilige drei Könige prächtig geschmückt, als Sternsinger von Haus zu Haus. Sie singen ihre Lieder und schreiben an die Türpfosten von Häusern und Ställen ein geheimnisvolles Zeichen: „19+ C + M + B + 98": „Casper + Melchior + Balthasar" sollen im neuen Jahr das Haus beschützen. Diese drei Buchstaben gehen eigentlich auf das lateinische „Christus mansionam benedicat" zurück, das bedeutet: „Christus segne dieses Haus." Die Sternsinger verkünden den Menschen Gottes Frieden und erbitten Gaben für Kinder in der dritten Welt.

Dieser alte Brauch hat seinen Ursprung im Matthäus-Evangelium. Der Evangelist Matthäus erzählt uns, daß zur Zeit, als Jesus geboren wurde, ein großer leuchtender Stern am Himmel gestanden hat. Sternforscher aus dem Orient hatten den Stern gesehen und zogen auf weiten gefahrvollen Wegen durch die Wüste an den Hof des Königs Herodes nach Jerusalem und fragten: „Wo ist der neugeborene König der Juden? Wir haben seinen Stern gesehen und sind hierher gekommen, um ihn anzubeten."

König Herodes rief die führenden Priester zusammen und fragte sie: „Wo soll der neue König geboren werden?" Die Priester antworteten: „So wie es im Buch des Propheten Micha steht: Aus Bethlehem soll der Mann kommen, der Israel einst führen wird."

So zogen die drei Weisen von Jerusalem in das kleine Dorf Bethlehem und fanden Maria und Josef und das Kind in der Krippe. Sie fielen auf die Knie und beteten es an. Sie reichten ihm ihre Geschenke: Gold, Weihrauch und Myrrhe. Die Weisen erkannten, daß in diesem armen Kind in der Krippe Gott selbst in seiner Liebe zu den Menschen kommen wollte.

Diese drei Weisen, diese drei Könige, wie es später im Mittelalter die Menschen erzählt haben, wollen uns auffordern: „Kommt mit! Zieht mit zum Kind in der Krippe! – Gott hat uns gesegnet mit diesem Kind, das einst der Helfer und Retter aller Menschen sein wird."
Ein alter Kirchenvater, J. Chrysostomos, hat einmal gesagt: „Folgen wir also den Weisen, auf daß wir Christus schauen können!"

DIE STERNSINGER KOMMEN

1. Sternsinger:

Wir folgten dem hellen Stern durch
Wüste, Sand und Stein.
Wir zogen her aus fernem Land
und traten zum Stalle hinein.

Alle:

Gott segne gnädig dieses Haus und alle,
die gehen ein und aus!

2. Sternsinger:

Wir trugen Weihrauch, Myrrhe, Gold,
es führte uns der Stern.
Wir knieten nieder bei dem Kind
und grüßten den Heiland und Herrn.

Alle:

Gott segne gnädig dieses Haus und alle,
die gehen ein und aus!

3. Sternsinger:

Nun strahlt der helle Stern für euch.
Vergeßt die Gaben nicht!
Gott segne uns im neuen Jahr.
Es glänzt uns im Dunkel sein Licht.

Alle:

Gott segne gnädig dieses Haus und alle,
die gehen ein und aus!

DREIKÖNIGSFEST

KÖNIGSKRONE

MATERIAL UND HILFSMITTEL

feste Goldfolie
Reste von Metallfolie in Rot
Kreppapier in Rot
Zwirn
Nähnadel
Bleistift, Schere, Klebstoff
Lineal

SO WIRD'S GEMACHT

1. Drei 4 cm breite und 50 cm lange Streifen aus Goldfolie schneiden.

2. Einen Streifen zu einem Kreis zusammenfügen (dem Kopfumfang des späteren Trägers anpassen).

3. Die beiden anderen Streifen über Kreuz im Bogen auf den Kreis kleben.

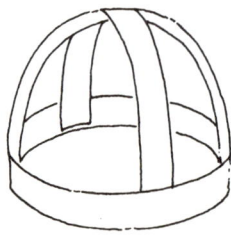

4. Aus rotem Kreppapier ein Rechteck von 50 x 25 cm zuschneiden.

5. Das Kreppapier an den schmalen Seiten zusammenkleben.

6. Den oberen Rand mit einem Faden fest zusammenziehen.

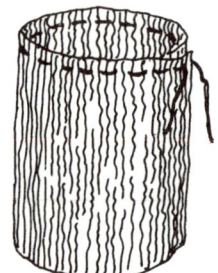 

7. Die Außenseite dieses Kreppapierhelmes nach innen wenden und in die Krone aus Goldfolie einkleben.

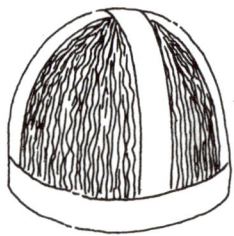 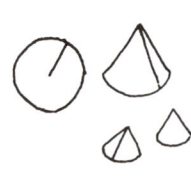

8. Zur Verzierung aus roter Metallfolie Kreise ausschneiden, bis zum Mittelpunkt einschneiden und spitze Hütchen formen. Auf den Reifen kleben.

9. Für die Spitze der Krone eine Goldkugel aus vier Streifen, 10 cm lang, 1 cm breit, anfertigen.

(E. Scharafat)

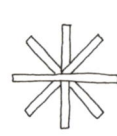  

STERNSINGERSPIEL

Die Kinder setzen sich zu einem Kreis zusammen. Ein Sternträger mit einem Goldstern auf einem langen Stab wandert im Kreis herum und bleibt vor einem Kind stehen. Das Kind fragt:

„Stern, du stehst so hoch am Himmel,
Stern, ich will dich fragen,
funkelst in den dunklen Nächten,
was willst du uns sagen?"

Der Sternträger antwortet:

„Gott schickt mich zu euch als Zeichen.
Zieht mir nach, ich steh' nicht still,
weil ich euch zum Jesuskinde
in der Krippe führen will."

Nun wandert ein Kind nach dem andern hinter dem Sternträger her. Alle singen:

„Wir wandern, wir wandern,
wir bleiben gar nicht stehn,
wir wollen das Jesuskind
in seiner Krippe sehn."

DREIKÖNIGSFEST

75

F asnacht, Fasching oder Karneval:
Kinder lieben es, wenn sie sich verkleiden und schminken dürfen. Dieses
„In-die-andere-Rolle-Schlüpfen" ist für
Kinder sehr wichtig, es kann Konflikte
lösen, die Kinder können Angst,
Spannungen und Zorn abreagieren.
Auch ängstliche, zurückhaltende Kinder
können wir beim Verkleidungs- und
Maskenspiel zu sprachlichen und gesti-
schen Äußerungen ermuntern. Deshalb
wäre es gut, die Verkleidungsmöglich-
keiten für die Kinder nicht nur auf „närri-
sche" Zeiten zu beschränken.

W ir wollen mit unserer
Kindergruppe Fasching
feiern ohne diese oft aufgesetzte,
gezwungen wirkende Fröhlich-
keit. Dazu brauchen wir nicht
viel: Den Gruppenraum
schmücken wir mit selbstgebastelten Girlanden, Luftschlangen
und vielen bunten Luftballons.
Die Kostüme und Masken werden
zusammen mit den Eltern vorher
selbst gemacht, oder die Kinder bringen viele verschiedene Kleidungs-
stücke mit, z. B. alte Schuhe, Hüte,
Röcke, auch Utensilien wie
Bänder, Litzen und Tücher. Jetzt
kann sich jedes Kind sein Kostüm
selbst zusammenstellen und sich
entsprechend lustig bemalen.

GIRLANDEN

MATERIAL UND HILFSMITTEL

Kreppapier in vielen Farben
Schere
spitze, dicke Nadel
langer Wollfaden

SO WIRD´S GEMACHT

1. 15 cm breite Streifen von den Krepp-
   papierrollen abschneiden.

2. Beide Seiten kammartig einschneiden.

3. Die Streifen auseinanderziehen und
   mit der Nadel den Wollfaden durch
   die Mitte ziehen. Enden verknoten.

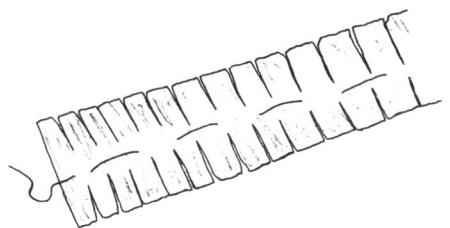

4. Den Faden von einer Wand des
   Zimmers zur anderen spannen und
   dabei die Girlande zu einer Spirale drehen.

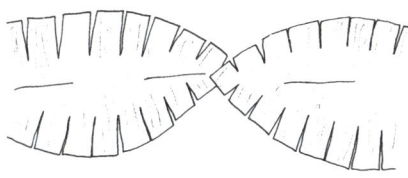

KUGELN

MATERIAL UND HILFSMITTEL

kreisrunde Faltpapiere in verschiedenen
Farben
Wolle
Schere, Klebstoff

SO WIRD´S GEMACHT

1. Die Faltkreise in der Mitte falten.

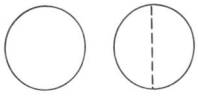

2. Die Hälften so aneinanderkleben, daß
   sich eine Kugel ergibt. Achtung: Vor
   dem Schließen den Aufhängefaden
   mit einlegen.

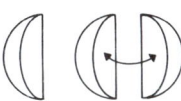

3. Die Kugeln an der Girlande befestigen.

MASKEN

MATERIAL UND HILFSMITTEL

Deckel eines Schuhkartons
Malfarben, z. B. Fingerfarben
Kreppapier
bunte Stoffreste
Klebstoff, Schere
Gummiband
Kugelschreiber

SO WIRD´S GEMACHT

1. Zwei Löcher zum Durchschauen in den Kartondeckel schneiden. Nach Belieben auch einen Mund und eine Nasenöffnung hineinschneiden.

2. Mit einem Kugelschreiber seitlich zwei Löcher hineinbohren.

3. Ein Gummiband durchziehen und an einer Seite verknoten. Die Länge des Gummibandes ausprobieren, damit die Maske straff am Kopf sitzt und auf der anderen Seite festknoten.

4. Die Maske mit Fingerfarben, Stoffresten und Kreppapier verzieren, z. B. für die Hexe Haarzotteln, für den Löwen eine Mähne, für Riesen und Zwerge Bärte aufkleben.

(H. Grelak)

KREISSPIEL

Das Lied wird auf die Melodie: „Brüder-chen, komm tanz mit mir" gesungen. Es können auch die Namen der Kinder einge-setzt werden oder auch viele weitere Märchennamen und Namen von Tieren.

Brüderchen, komm, tanz mit mir,
beide Hände reich' ich dir.
Einmal hin, einmal her,
rundherum, das ist nicht schwer.

Kleiner Zwerg, komm, tanz mit mir, ...
Großer Ries', komm, tanz mit mir, ...
Kasperle, komm, tanz mit mir, ...
Kater Mohrle, komm, tanz mit mir, ...
Pudel Max, komm, tanz mit mir, ...
Lieber Hänsel, komm, tanz mit mir, ...
Liebe Gretel, komm, tanz mit mir, ...
Kleine Hex, komm, tanz mit mir, ...
Rotkäppchen, komm, tanz mit mir, ...
Zottelbär, komm, tanz mit mir, ...
Mickymaus, komm, tanz mit mir, ...

GRÜNE ÜBERRASCHUNGS-BROTE

ZUTATEN

4 bis 6 Scheiben Vollkornbrot oder
Vollkorntoaste
2 Avocados
etwas Tomatenketchup, Mayonnaise
nach Geschmack etwas Pfeffer
1 Eßlöffel Honig
1 Teelöffel Zitronensaft
Oliven
Salatgurke

SO WIRD´S GEMACHT

1. Zwei Avocados halbieren, das Frucht-fleisch herausholen und mit einer Ga-bel zerdrücken.

2. Die anderen Zutaten hinzufügen.

3. Die Brote mit der Avocadocreme bestreichen und gemeinsam mit den Kindern verzieren: mit einer halbierten Olive, mit Gurkenscheiben, mit einer Zitronenscheibe, mit Tomatenmark oder Mayonnaise. Das kann sehr lusti-ge Clowns- oder Katzengesichter ergeben.

MARIENKÄFER- UND SCHMETTERLINGSKOSTÜM

Beide Kostüme sind leicht herzustellen. Der Marienkäfer hat einen dunklen Körper, seine Flügel sind rot und haben schwarze Punkte. Der Schmetterling darf in allen Farben schillern.

KLEIDUNG DES MARIENKÄFERS

dunkle Hose, dunkler Pullover oder:
schwarzer Gymnastikanzug mit langen
Ärmeln und Beinen

FLÜGEL

Stoff in Rot
Filz in Schwarz

KLEIDUNG DES SCHMETTERLINGS

helle Strumpfhose, heller Pullover,
z. B. in Gelb, Grün, Rosa oder Beige

FLÜGEL

leichte bunte Stoffreste
Filzreste
Tüllgardine

FÜHLER

Wellpappe
2 Biegeplüschdrähte (für den Marienkäfer in Schwarz, für den Schmetterling
in Gelb)
Klebstoff
Malfarben

HILFSMITTEL

Maßband
Schneiderkreide
Schere
Hosengummi
Kordel
Nähgarn
Nähnadel, spitze, dicke Nadel

SO WIRD'S GEMACHT

1. Einen Halbkreis ausschneiden. Die gerade Kante sollte von der ausgestreckten Hand des Kindes über seinen Rücken bis zur anderen Hand reichen.

2. Den Halbkreis in der Mitte zusammen-
falten. An der oberen Bruchkante
einen Halsausschnitt ausschneiden.

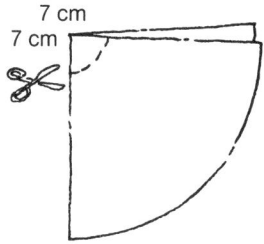

3. Eine Kordel in den Halsausschnitt ein-
ziehen.

4. An jedes Ende des Halbkreises einen
Ring aus Hosengummiband nähen, so
groß, daß die Kinderhand hindurch-
paßt.

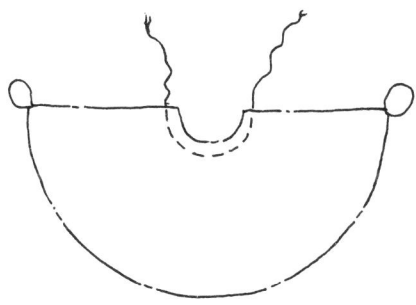

Jetzt ist die Grundform für die Flügel fertig.

5. a) Den roten Umhang für den Marienkäfer mit schwarzen Punkten aus
Filz bekleben. In der Mitte führt ein
schwarzer Filzstreifen vom Halsausschnitt zum Saum.

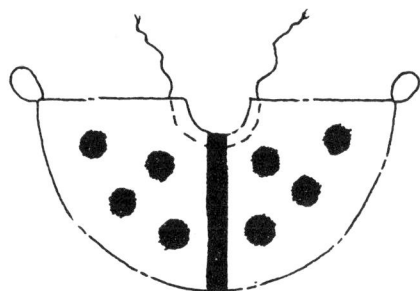

5. b) Den Tüllgardinenumhang für den
Schmetterling mit bunten Mustern
aus Stoffresten und Filz bekleben.
Darauf achten, daß beide Flügel-
hälften gleichgemustert sind.

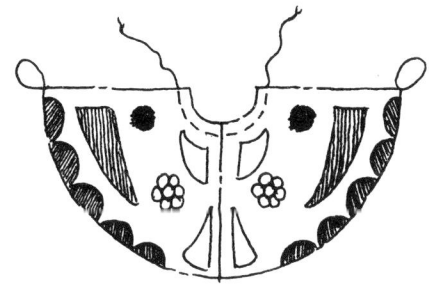

6. Für die Fühler aus Wellpappe einen
3 cm breiten Streifen schneiden. Die
Länge richtet sich nach dem Kopfumfang.

7. Den Streifen zusammenkleben, Biegeplüsch in die Rillen der Wellpappe
stecken. Den Streifen bemalen.

Bei gemeinsamen Spaziergängen im Winter können wir mit den Kindern viel entdecken und auf ihre Fragen eingehen. Wir beobachten die aufgeplusterten Vögel in den kahlen Ästen, wir freuen uns an den Vögeln am Futterring, wir stellen fest, daß die Katzen ein warmes Winterfell bekommen, wir entdecken Tierspuren im Schnee. Diese Beobachtungen nehmen wir zum Anlaß, das Thema „Tiere im Winter" bei Geburtstagen aufzugreifen.

Die Geburtstagsfeste heben sich damit auch bewußt von den anderen Feiern, die es in der Weihnachtszeit gibt, ab. Auf ein kurzes Geburtstagslied, das im Kreis gesungen wird, folgt eine der vorgestellten Aktionen.

GEBURTSTAGSLIED

Auf die Melodie des Liedes „Es tanzt ein Bi-Ba-Butze-Mann" singen wir die folgende Strophe. Der Name des Geburtstagskindes wird entsprechend eingesetzt.

Die (Der) ... hat Geburtstag heut,
das wissen alle Leut.
So kommt ihr Gäste groß und klein,
daß ihr euch mit uns freut.
Nun fassen wir die Hände an,
ein jeder ruft, so laut er kann:
Die (Der) ... hat Geburtstag heut,
das wissen alle Leut.

TISCHKARTE FÜR DAS GEBURTSTAGSKIND

MATERIAL UND HILFSMITTEL

Zeichenkarton in Weiß
Bleistift
Schere
Buntstifte

SO WIRD´S GEMACHT

1. Die Tierfigur auf Zeichenkarton zeichnen und bunt anmalen, z. B. haben
   Königspinguine wunderschön orangen-
   farbene Federn und sind nicht nur einfach schwarz und weiß.

2. In das weiß belassene Vorderteil den
   Namen des Geburtstagskindes schreiben.

*Durch die Rundung unten wippen die
Tischkarten. Man kann aber auch eine
Eisscholle aus weißem Zeichenkarton oder
aus Styropor darunterkleben.*

TIERE IM WINTER

*Die folgenden Verse können als Finger-
spiele, als Bewegungs- und Klangspiele
dargestellt werden. Beim Bewegungsspiel vollführen die Kinder die angesag-
ten Bewegungen (starr werden, ins
Loch kriechen, fortfliegen, sich aneinan-
derkuscheln) und tanzen bei der letzten
Strophe fröhlich herum.*

Wißt ihr, was die Tiere machen
im Winter, bei Eis und Schnee?
Das wollen wir euch jetzt erzählen,
der Winter, der tut den Tieren weh.

Hu-hu – so braust der Winterwind,
der Katze wächst das Fell ganz dicht.
Das schützt sie und das hält sie warm,
sie braucht zu frieren nicht.

Hu-hu – so braust der Winterwind,
die Maus kriecht in ihr Loch hinein.
Da knabbert sie die Haselnuß
und schläft ganz ruhig ein.

Hu-hu – so braust der Winterwind,
der Igel frißt sich noch mal voll,
dann kriecht er tief ins welke Laub,
wo niemand ihn dann wecken soll.

Hu-hu – so braust der Winterwind,
die Fledermaus schläft unterm Dach.
Da träumt sie ihren Wintertraum,
und niemand macht sie wach.

Hu-hu – so braust der Winterwind,
die Murmeltiere halten Ruh.
Sie kuscheln sich tief in die Erde ein
und machen die Augen zu.

Hu-hu – so braust der Winterwind,
der Bär hält seine Höhle warm.
Bald kommt das Bärenkind zur Welt,
das nimmt er lieb in seinen Arm.

Hu-hu – so braust der Winterwind,
die Bienen fliegen ins Bienenhaus.
Da gibt es Honig wohl genug,
im Frühling fliegen sie wieder heraus.

Hu-hu – so braust der Winterwind,
das Eichhörnchen muß fleißig sein.
Es gräbt Kastanien und Zapfen und
Nüsse ganz tief in die Erde hinein.

Hu-hu – so braust der Winterwind,
die Schnecke wird ganz starr und stumm.
Sie macht ihr kleines Haus fest zu,
wann ist der böse Winter wohl um?

Hu-hu – so braust der Winterwind,
die Fische werden starr im See.
Sie sind ganz steif, bewegen sich kaum,
so kalt ist der Winter, oh weh, oh weh!

Hu-hu – so braust der Winterwind,
die Vögel fliegen ins Futterhaus.
Ihr Menschen, o wir frieren sehr,
so streut uns viele Körner her!

Hu-hu – so braust der Winterwind,
die Zugvögel fliegen übers Land,
nach Afrika weit übers Meer,
in heiße Sonne und warmen Sand.

Akustische Signale: Triangel, Klangstäbe

Nun horcht – da weht der Frühlingswind!
Ihr Tiere – kommt herbei geschwind!
Heraus aus eurem dunklen Haus,
der böse Winter ist bald aus.

WAS FRESSEN UND TRINKEN DIE VÖGEL IM WINTER?

Was trinken die Vögel im Winter, wenn Bäche und Flüsse zugefroren sind? Schnee. Sie baden manchmal auch im Schnee, um lästige Insekten loszuwerden.
Das Lied wird nach der Melodie von „Es tanzt ein Bi-Ba-Butzemann" gesungen.

Was fressen unsre Vögel denn,
wenn's draußen friert und schneit?
Was fressen unsre Vögel denn
zur kalten Winterzeit?
Die roten Beeren, harten Kern,
das fressen unsre Vögel gern.
Ihr Vögel, kommt doch alle her,
kein Futterhaus bleibt leer!

Was trinken unsre Vögel denn,
wenn's draußen friert und schneit?
Was trinken unsre Vögel denn
zur kalten Winterzeit?
Ganz zugefroren ist der See,
sie picken in den weißen Schnee.
Ihr Vögel, ja, der Schnee, der schmeckt,
das habt ihr bald entdeckt.

EIN VOGELRING FÜR HUNGRIGE VÖGEL

MATERIAL UND HILFSMITTEL
Rindertalg
Sonnenblumenkerne, Apfelkerne usw.
Kochtopf, Kochlöffel, Schöpfkelle
Backblech
Zeitungspapier
Schachtel- oder Dosendeckel
Nagel, Hammer
Schnur

SO WIRD'S GEMACHT

1. Das Fett erhitzen und die Kerne unter Rühren hineinstreuen.

2. Ein Backblech mit mehreren Lagen Zeitungspapier auslegen, Schachtel- oder Dosendeckel daraufstellen. Vorsichtig die flüssige Masse hineinschöpfen. Erstarren lassen.

3. Mit Hammer und Nagel ein Loch hineinschlagen und eine feste Schnur durchziehen.

GEBURTSTAGE: TIERFESTE

WO HAB ICH NUR DIE NUSS VER-STECKT?

Zu diesem Spiel erzählt die Erzieherin, daß Eichhörnchen im Herbst Eicheln, Bucheckern und Nüsse für den Winter sammeln, die sie in Baumhöhlen oder auch unter dem Laub an vielen Stellen verscharren. Sie legen sich so viele Vorräte an, daß sie oft ihre Schätze nicht wiederfinden.
Im Raum sind Reifen mit je zwei Nüssen verteilt. Ein Reifen hat keine Nuß. Auf ein Klangsymbol hin (Klangholz) springen die Eichhörnchen frei im Raum umher, bis beim Schlag des Beckens jeder in ein Haus springen muß. Dabei singen die Kinder:

„Viele schöne fette Nüsse
findet ihr in meinem Haus.
Da hab ich es gemütlich warm
und guck in die kalte Nacht hinaus."

Das Kind, das in einen Reifen ohne Nuß gesprungen ist, scheidet aus. Es bekommt ein Klangholz und darf den Takt mitschlagen. Die Erzieherin nimmt einen Reifen mit Nüssen aus dem Spielkreis, und das Spiel beginnt von neuem, bis zwei Eichhörnchen übrigbleiben. Sie sind Eichhörnchenkönige und dürfen alle Reifen und Nüsse wieder im Raum verteilen.

Die Kinder rufen:

„Wo hab ich nur die Nuß versteckt,
habt ihr sie nicht gesehn?
Die Nuß ist fort, die Nuß ist fort,
könnt ihr sie nicht erspähn?"

BÄRENSPIEL IM WINTER

Ein Kind schläft als Bär in der Mitte des Kreises. Der Bär rollt sich ein, vielleicht wird ihm noch eine Decke übergelegt. Die anderen Kinder laufen im Kreis herum und singen:

„Der Bär hält seinen Winterschlaf,
wollen wir ihn einmal necken?
Paßt auf, daß er nicht böse wird,
wir wollen leis ihn wecken."

Ein Kind geht vorsichtig um den Bären herum und gibt ihm drei leichte Schläge auf den Rücken. Bei „drei" springt der Bär auf und versucht, ein Kind zu fangen. Die Kinder laufen fort. Wer angeschlagen wird, muß den neuen Bären im Winterschlaf darstellen.

FESTE IM FRÜHLING

Zum Festefeiern im Frühling gibt es
jedes Jahr wieder viele Anlässe:
Wir können ein Sonnenscheinfest feiern,
wenn der letzte Schnee getaut ist; ein
Löwenzahn- oder Gänseblümchenfest,
ein Schwalben- oder Starenfest, wenn
die ersten Zugvögel vor den Fenstern
hin- und herfliegen. Marienkäferfeste,
Weidenkätzchenfeste, Schmetterlings-
und Osterglockenfeste: die erwachende
Natur bietet viele Möglichkeiten, die wir
in unsere Festgestaltung einbeziehen
können.

FRÜHLINGSLIED

Nach der Melodie „Im Märzen der Bauer"

So hell scheint die Sonne,
die Wiesen sind grün.
Ich seh' hoch am Himmel
die Zugvögel ziehn.
Komm, Frühling, mit Sonne und Sturmesgebraus
und jag doch den Winter zum Tore hinaus.

Das Zicklein, das Fohlen,
es hüpft und es springt.
Die Amsel, die Lerche,
sie trillert und singt.
Die Glucke lockt all ihre Küken herbei,
zu Ostern, da wird unsre Erde ganz neu!

Und überall sprießt
frisches Leben hervor.
So öffnet die Augen,
das Herz und das Ohr.
Die Blumen, die Vögel und Menschen und Tier,
sie loben und danken dem Schöpfer dafür.

SONNENSTRAHLLIED

Wir kitzeln euch,
wir kitzeln euch,
wann seid ihr endlich aufgewacht?
Sie ist vorbei, sie ist vorbei,
die lange dunkle Winternacht.

TISCHSCHMUCK IM FRÜHLING

Mit diesem dekorativen Tischschmuck, der einige Tage vor dem Fest angelegt wird, können die Kinder beobachten, wie die Saatkörner keimen und junge Pflanzen wachsen. Die Samen immer gut feucht halten. Sie brauchen Wasser, um zu keimen, dürfen aber nicht im Wasser schwimmen, sonst verfaulen sie. In wenigen Tagen wird die Schale voll grüner Kresse sein!

MATERIAL UND HILFSMITTEL

1 flache Tonschale mit 2 cm hohem Rand
Blumenerde
Kressesaat
zum Schmücken der Tonschale:
Plakatfarbe
Pinsel
Klarlack

SO WIRD'S GEMACHT

1. Die Tonschale abwaschen, damit kein Staub auf ihr haftet. Trocknen lassen.
2. Den Außenrand bemalen und die Farbe gut trocknen lassen.
3. Mit einem dünnen Pinsel Muster auf die Grundfarbe rund um den Rand der Tonschale malen, trocknen lassen.

4. Den Rand mit Lack überziehen.
5. Den Boden mit Erde, etwa 1 cm hoch, bedecken.
6. Erde anfeuchten und die Kressesaat, dicht an dicht, aufstreuen.

(E. Scharafat)

FINGERSPIEL: KLEINE, BRAUNE KERNE

Kleine Kerne, braune Kerne
hab ich in der Hand.
Und ich mische dunkle Erde
mit dem feuchten Sand.

*Die rechte Hand zur Schale für die „Kerne"
formen. Die linke Hand mischt die Erde.*

Und ich streu die kleinen Kerne
in das Beet hinein.
Liebe Sonne, komm heraus,
schicke warmen Schein.

*Die linke Hand streut die „Kerne" in das
„Beet" hinein. Bei „Sonne" die Arme über
den Kopf führen, die Finger dabei fächer-
artig spreizen.*

Regenwolken, Regenwolken,
kommt und öffnet euch.
Schickt uns warmen Frühlingsregen,
macht die Erde weich.

Regentropfen mit den Fingern „zeichnen".

Seht die Blumen wachen auf,
strecken sich empor.
Recken ihre grünen Kelche
aus dem Gras hervor.

*Beide Hände zum Kelch formen, langsam
höher wachsen.*

Und nun sind sie aufgewacht
im Frühlingssonnenschein.
Bienen, Schmetterling und Hummeln
fliegen aus und ein.

*Die linke Hand ist die Blume, die Finger der
rechten Hand fliegen honigsuchend herum.*

Soviel Blüten, soviel Farben,
komm doch her und schau!
Das ist mein bunter Wundergarten,
gelb und rot und blau.

*Alle Kinder halten ihre zu Kelchen geform-
ten Hände weit auseinandergespreizt
hoch.
Ein Kreistanz kann sich anschließen.*

LIED VOM LÖWENZAHN

Dieses Lied läßt sich im Spielkreis oder auch als Fingerspiel spielen. Ein Kind steht als Löwenzahnblüte möglichst auf einem Bein in der Mitte des Spielkreises. Es hat viele Spitzen (Streifen von alten Stores oder aus weißem Kreppapier) um die Arme gewickelt und lose als Kette umgehängt. Ein anderes Kind springt als Wind um die Löwenzahnblüte herum. Alle Kinder im Spielkreis pusten. Der Wind wirbelt die Spitzen umher und saust mit ihnen weit aus dem Kreis heraus. Er kann mit den wehenden Tüchern mehrere Runden um den Kreis drehen. Dann tippt er viele Kinder im Spielkreis an. Sie haben ein Stück Spitze um den Arm gewickelt und tanzen um die Löwenzahnblüte herum. Dabei wird auf die Melodie „Ein Männlein steht im Walde" gesungen:

Da steht auf einem Beine
ganz still und stumm
´ne feine junge Dame,
ganz grad, nicht krumm.
Hat ein weißes Spitzenkleid,
silbern glänzt es schon von weit,
und sie will zum Ti-Tu-Ta-Tanzen gehn.

Da kommt der Wind geschlichen,
der naht ganz sacht.
Da hat die feine Dame
die Haare aufgemacht.
Und die zarten Spitzen wehn,
heut will sie zum Tanzen gehn,
will auf einem Bein nicht mehr stille stehn.

Der Wind, der saust jetzt stärker
und springt herum.
Der Wind, der braust und pustet
sie fast schon um.
Gib die feinen Spitzen her,
Schleiertücher, immer mehr!
Ach, die feine Dame, sie zittert sehr.

Der Wind, der bläst die Tücher
weit übers Haus.
Sie treiben über Bäume
aufs Feld hinaus.
Wo sind meine Spitzen nur,
Kinder, wo ist ihre Spur?
Und ich wollt' zum Ti-Tu-Ta-Tanzen gehn.

Du liebe feine Dame,
so hör doch her!
Die vielen Silberspitzen,
die werden immer mehr!
Nächstes Jahr, da kannst du sehn
viele Silberblüten wehn,
wollen auch zum Ti-Tu-Ta-Tanzen gehn.

GELBE SONNEN

Viele kleine Sonnen
glühen gelb im Mai.
Silberhelle Schirmchen
treiben bald vorbei.
Puste hoch sie in den Wind!
Fliegt, ihr Flocken, fort geschwind!

LÖWENZAHN

Lieber, kleiner Löwenzahn,
ich schau dich so gerne an.
So viel Sonnen vor dem Haus,
ich such mir die schönste aus.

Lieber, kleiner Löwenzahn,
ich schau dich so gerne an.
Deine Schirmchen schweben fort,
bald wächst du am andern Ort.

LÖWENZAHNSALAT

ZUTATEN

junge, zarte Löwenzahnblätter
(von einer Wiese, die nicht in der Nähe
einer Autostraße liegt)
1 Eßlöffel Zucker
etwas Kräutersalz
1 Becher Naturjoghurt
Saft einer halben Zitrone

SO WIRD'S GEMACHT

1. Löwenzahnblätter gründlich mit kaltem Wasser abwaschen und in einem Sieb gut abtropfen lassen.

2. Für die Salatsoße alle Zutaten verrühren.

3. Die Löwenzahnblätter in kleine Stücke zerpflücken und in einer Schüssel mit der Soße vorsichtig vermischen.

(E. Scharafat)

93

Ostern ist das höchste christliche Fest im Jahr. Für Menschen, die ihren Lebensgrund von Christus her beziehen, bedeutet Ostern mit Kindern zu feiern mehr als nur die Freude an der erwachenden Natur, am Spiel mit dem eiermalenden Osterhasen. Es fällt uns allerdings viel leichter, unsere Kinder „alle Jahre wieder" auf das Weihnachtsfest mit seinen vielfältigen Gestaltungsmöglichkeiten einzustimmen, als den Osterfestkreis vorzubereiten.

In der Zeit zwischen Weihnachten und Ostern sollten in der Kindergruppe verschiedene Berichte der Bibel, die Jesus als den helfenden, liebenden Herrn darstellen, vorgelesen werden. Sonst ist für die Kinder der Übergang vom Weihnachtsfestkreis zum Osterfestkreis nicht nachvollziehbar.

Sehr wichtig ist das gemeinsame Mahl, die Tischgemeinschaft in der Kindergruppe. Gerade hier können wir den Kindern die biblischen Berichte der Ostergeschehnisse besonders nahe bringen.

Neben der gedanklichen Vorbereitung auf den Höhepunkt des Kirchenjahres beschäftigen wir uns auch mit den österlichen Symbolen wie Osterei, Osterhase und Osterlamm. Wir basteln, spielen, singen, tanzen und backen mit den Kindern.

OSTERKREISLIED

Kommt, wir reichen uns die Hände,
tretet in den Kreis herein!
Seht das Licht der Osterfreude
macht uns froh mit seinem Schein.

Kommt, wir klatschen in die Hände,
keiner bleibt heut ganz allein.
Ostern ist das Fest der Hoffnung,
Jesus will uns nahe sein.

Kommt, wir singen: Halleluja.
Trauer soll uns schrecken nicht!
Unser Herz ist voll vor Freude,
allen glänzt das Osterlicht.

HAS, HAS, OSTERHAS

Melodie „Mai, Mai, Sommergrün ..."

Has, Has, Osterhas
mitten in dem grünen Gras.
Komm, leer deine Körbe aus,
bring Eier doch in jedes Haus.

Has, Has, Osterhas
duck dich nur ins hohe Gras.
Ich hab' die Ohren längst gesehn,
die können gar nicht stille stehn.

Has, Has, Osterhas,
Eier suchen, das macht Spaß.
Gelb und rot und grün und blau
und die bunten, komm und schau!

OSTERN

HASENTANZ IM KLEE

Alle Hasenkinder setzen sich zu einem Kreis auf die „Kleewiese". Dann wird abgezählt von 1 bis 5. Jedes Hasenkind muß seine Nummer gut behalten. Es kann auch ein Nummernschild umgehängt bekommen. Nun laufen, hoppeln, springen alle Hasenkinder wild im Raum herum. Dazu kann von der Kassette ein lustiger Tanz eingespielt werden. Die Spielleiterin bricht auf einmal die Musik ab, schlägt einen kleinen Trommelwirbel auf der Handtrommel und ruft mit einem Vers die Hasenkinder mit einer bestimmten Nummer zu sich in die Mitte des Raumes:

„Nummer 1, saust wie der Wind,
hoppelt her zu mir geschwind."
„Jeder Has' mit Nummer 2
hoppelt schnell zu mir herbei!"
„Jeder Has' mit Nummer 3
hoppelt schnell zu mir herbei!"
„Alle Hasen mit Nummer 4
hoppeln eiligst her zu mir!"
„Nummer 5 kommt alle her!
Aber bitte eilt euch sehr!"

Die anderen, nicht aufgerufenen Hasen setzen sich in weitem Kreis um die aufgerufenen Hasen herum. Diese wählen einen Oberhasen, der den anderen bestimmte Bewegungen vormacht, z. B. Ohren putzen, Barthaare striegeln, Männchen machen, Haken schlagen, in die Höhe hüpfen, am Klee knabbern usw. Diese Bewegungen werden zunächst von den Hasen im Innenkreis, dann von den anderen Hasen nachgemacht.

OSTERKRANZ

MATERIAL UND HILFSMITTEL

1 kleiner Styroporkranz (mit einer runden
und einer flachen Seite, 15 cm ⌀)
4 Filzstücke in Gelb- und Grüntönen,
ca. 32 x 20 cm
3 ausgeblasene Eier
Fingerfarben oder Plakatfarben, Pinsel
Wollreste
Blumendraht
Zickzackschere
kleiner Schraubenzieher

SO WIRD´S GEMACHT

1. Aus dem Filz ca. 4 x 4 cm große
   Quadrate mit der Zickzackschere
   schneiden.

2. Die Filzquadrate mit einem Schraubenzieher in den Styroporkranz hinein-
   drücken.

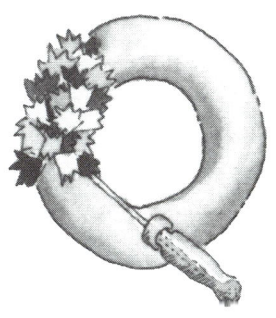

3. Die ausgeblasenen Eier mit Fingerfarben oder Plakatfarben bemalen.

4. Die Eier an Wollfäden unterschiedlicher
   Länge am unteren Kranzteil mit
   Blumendrahtkrampen befestigen.

5. Zuletzt den Kranz mit einem Wollfaden an einer Blumendrahtkrampe
   aufhängen.

Der Kranz kann auch mit glänzendem
Futterstoff bezogen werden.

(M. Bülk)

OSTERN

WIE DER HASE EINEN SPALT IN DER LIPPE BEKOMMEN HAT

Frei erzählt nach einem finnischen Märchen

Diese Spielgeschichte läßt sich schön als Bewegungsspiel nachgestalten. Hase (mit Stummelschwanz) und Fuchs (mit langem roten Schweif) begegnen sich. Der Hase grüßt den Fuchs ganz freundlich, der Fuchs lacht ihn aus und brüstet sich seiner Stärke wegen. In einer Ecke des Spielkreises grasen einige Schafe. Sie tragen Felle. Wenn der Hase dazwischenfährt, laufen sie blökend auseinander.
Der Hase spielt das Lachen lange aus. Die gespaltene Lippe wird mit einem zweigeteilten Lappen dargestellt.
Die Erzieherin kann zu einer kleinen Aufführung die Geschichte auch in Versform vorlesen.

Es ist schon sehr lange her. Da begrüßten sich die Tiere noch gegenseitig. „Ich wünsche dir einen schönen guten Morgen!" sagte der Hase zum Fuchs und hob die Vorderpfoten.
„Was soll das?" sagte der Fuchs verächtlich. „So ein dummer Hasenschwanz wie du, vor dem keiner Angst hat, braucht mich stolzen, mutigen Fuchs nicht zu grüßen!"
„Welches Tier hat denn Angst vor dir?" fragte der Hase. „Alle", erwiderte der Fuchs spöttisch. „Ich habe scharfe Zähne und einen herrlich buschigen langen Schwanz. Aber du mit deinem Stummelschwanz, dich lachen doch alle Tiere aus!"
„Wart's nur ab!" grinste der Hase.

Auf der Wiese weidete friedlich eine Horde Schafe. Wie der Blitz fuhr der Hase dazwischen, daß die Schafe entsetzt auseinanderstoben. Sie blökten laut vor Angst.
„Sie schreien um Hilfe", sagte der Hase spöttisch. Der Fuchs schaute so dumm drein, daß der Hase lachen mußte. Er lachte und lachte, bis ihm die Lippe platzte. Seitdem haben die Hasen einen Spalt in der Lippe.

IN VERSFORM

Es ist schon sehr, sehr lange her,
da trafen sich Fuchs und Hase
am Morgen draußen im grünen Klee,
am Waldrand im feuchten Grase.

„Ich wünsche Guten Morgen dir!"
sprach der Hase und hob die Pfoten.
„Ich mag es nicht, wenn du mich grüßt",
sprach der Fuchs, „das sei dir verboten!

Ich bin ein stolzes, edles Tier,
vor mir ist jeder bange.
Ich bin so stolz, buschig ist mein Schwanz,
der feuerrote, der lange.

Ich bin der Größte, jedermann
flieht vor mir mit Weh und Klagen.
Doch du mit deinem Stummelschwanz
kannst keinem Angst einjagen."

„Na warte", sprach der Hase da,
und schon sah man ihn sausen.
„Weg da, ihr Schafe, macht mir Platz!"
Die Schafe flohn mit Grausen.

Sie blökten, rannten voller Angst
und flohen voll Entsetzen.
„Hörst du, wie sie um Hilfe schrein?
Siehst du, wie schnell sie wetzen?"

Der Fuchs stand da und guckte dumm.
Der Hase mußte lachen.
Er lachte und lachte den ganzen Tag.
„Ja, Fuchs, das sind so Sachen!"

Er lachte, da ist ihm die Lippe geplatzt.
Ihr könnt es heut noch sehen!
Den Spalt in der Lippe nach Hasenart,
so ist es dem Hasen geschehen!

OSTERN

99

OSTEREIER FÄRBEN

Mit Naturfarben kann man wunderschöne Farbtöne erzielen. Dazu eignen sich Zwiebelschalen, Nußschalen, grüner Mate-Tee, Birkenblätter, Holunder- und Efeublätter, aber auch Heidelbeeren, Holunderbeeren und Schlehen (Dicksaft).

BATIK-OSTEREIER

Gräser oder kleine Blätter um das Ei legen. Das Ei vorsichtig in einen Nylonstrumpf legen und den Strumpf stramm verknüpfen. Dann erst färben. Das fertig geschmückte Ei mit einer Speckschwarte abreiben, damit es einen schönen, matten Glanz bekommt.

OSTERHASE

MATERIAL UND HILFSMITTEL
ausgeblasenes Hühnerei
Tonpapier in Braun
Filzstifte oder Deckfarben
Watterest

SO WIRD'S GEMACHT
1. Für den Körper des Hasen das Ei beliebig bemalen.

2. Aus braunem Tonpapier einen Streifen von 2 x 16 cm zuschneiden und um die Längsseite des Eies herumkleben.

3. Für den Kopf einen 2 x 11 cm langen Streifen zu einem Ring zusammenkleben, anschließend mit der Klebestelle auf den Körperstreifen kleben.

4. Die Ohren der Länge nach falten, an der geraden Kante abknicken und unter dem Kopfring ankleben.

5. Das Gesicht ausgestalten und den Watteschwanz ankleben.

(G. Erhardt)

FRÜHLINGSBROT

ZUTATEN

5 Scheiben Brot
etwas Butter
250 g Speisequark
2 Tomaten
2 hartgekochte Eier
1 Stück Salatgurke
Salatblätter
Schnittlauch, Dill und Kresse
4 Eßlöffel Milch
etwas Gewürzsalz
evtl. eine Prise Knoblauch- oder
Zwiebelsalz

SO WIRD'S GEMACHT

1. Die Kräuter, die Salatblätter und die Gurke unter fließendem Wasser waschen und auf Küchenkrepp abtrocknen.

2. Speisequark mit der Milch geschmeidig rühren und mit Salz würzen.

3. Schnittlauch kleinschneiden und mit Gewürzen unter den Quark mischen.

4. Die Eier abpellen und in dünne Scheiben schneiden. Ebenso Tomate und Gurke dünn schneiden.

5. Die Brote mit Butter bestreichen und das Salatblatt darauflegen. Den Quark darüberstreichen und abwechselnd mit Tomaten- und Gurkenscheiben belegen.

6. Mit Dillsträußchen und Kresseblättern verzieren.

GRÜNER SALAT

ZUTATEN

eine Handvoll Gänseblümchen
einige Büschel junge Löwenzahnblätter
eine Handvoll junge Birkenblätter
(alles abseits von Autostraßen gepflückt)
1 Apfel
1 Becher Naturjoghurt oder
1 Becher Crème fraîche
etwas Salz, Pfeffer
einige Tropfen Zitronensaft
1 Eßlöffel Honig

SO WIRD'S GEMACHT

1. Die Wildpflanzen gründlich waschen und abtropfen lassen.

2. Den gewaschenen Apfel achteln, entkernen und würfeln. Zum grünen Salat geben.

3. Die übrigen Zutaten als Soße anrühren, über den Salat gießen und gut vermischen.

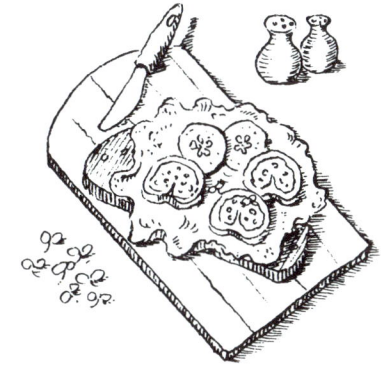

OSTERN

OSTERHASEN

ZUTATEN FÜR 6 BIS 8 HASEN

6 Tassen Mehl
1/2 Tasse Zucker
1 Päckchen Trockenhefe
1 Teelöffel Salz
1 Ei, 1 verquirltes Ei
3 Eßlöffel Öl
1 1/2 Tassen lauwarmes Wasser
Rosinen

SO WIRD'S GEMACHT

1. Mehl, Zucker, Trockenhefe und Salz in einer Schüssel mischen.

2. Lauwarmes Wasser, Ei und Öl dazugeben.

3. Den Teig kräftig kneten, bis er glänzend und glatt ist.

4. Den Teig mit einem Tuch zudecken und an einem warmen Ort eine Stunde lang ruhen lassen.

5. Den Teig noch einmal kräftig durchkneten und in 6 bis 8 Portionen teilen.

6. Die Körperteile zusammenfügen und mit verquirltem Ei bestreichen. Augen und Nase aus Rosinen auf das Hasengesicht setzen.

Form B: Kopf, Ohren, Bauch, Arme, Füße

Form C: Kopf, Ohren, Bauch

Nest: zwei Teigrollen wie bei einer Kordel miteinander verdrehen. Die Enden mit verquirltem Ei bestreichen und fest aneinanderdrücken.

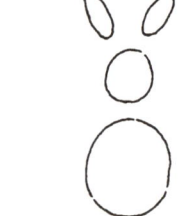

7. Die Hasen bei 220°C auf einem mit Backpapier ausgelegtem Blech etwa 20 Minuten backen.

(E. Scharafat)

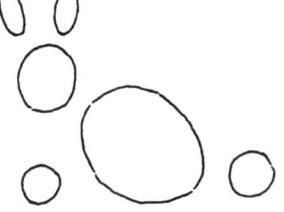

Form A: Kopf, Ohren, Bauch, Schwanz und Fuß

OSTERLAMM

*Zutaten und Herstellung des Teiges wie
bei den Osterhasen.*

WEITERE ZUTATEN
Zucker, Zimt, Rosinen

SO WIRD'S GEMACHT

1. Den Teig für das Lamm einteilen:
   1/3 für Kopf, Beine und Schwanz,
   2/3 für den Bauch.

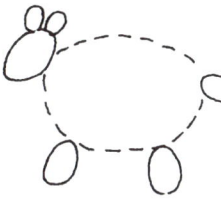

2. Den Teig für den Bauch zu einem
   0,5 cm dicken Rechteck ausrollen.

3. Den Teig mit verquirltem Ei bestreichen
   und mit Zucker und Zimt bestreuen.

4. Das Rechteck von der kurzen Seite her
   aufrollen.

5. Die Rolle in 3 cm dicke Scheiben
   schneiden. Auf einem mit Backpapier
   ausgelegtem Blech zusammensetzen.

6. Kopf, Schwanz und Beine an den
   Bauch setzen.

7. Das Lamm mit verquirltem Ei bestreichen. Rosinen für Auge und Maul aufsetzen.

8. Bei 220°C ca. 20 Minuten backen.

(E. Scharafat)

Mutter- und Vatertag werden hauptsächlich in der Familie gefeiert. Aber auch im Kindergarten können wir mit den Kindern ein kleines Geschenk vorbereiten, über das sich die Eltern freuen. Ein gemütlicher Nachmittag im Kindergarten, bei dem die Kinder ihre Eltern einmal mit Gebäck und Getränken bewirten, wird sicher gern angenommen.

MUTTERTAGS- ODER VATERTAGSVERS

Ich lieb´ dich so fest
wie der Baum seine Äst´,
wie der Himmel seine Stern´,
grad´ so hab´ ich dich gern.

(mündlich überliefert)

GLÜCKSKÄFER

Der Marienkäfer kann richtig über das Blatt krabbeln, wenn man den Knoten auf der Rückseite hin- und herzieht.

MATERIAL UND HILFSMITTEL

Fotokarton in Grün und Schwarz
1 halbe Walnußschale
Perlgarn in Grün
Plakatfarbe in Rot, Schwarz, Pinsel
Biegeplüsch in Schwarz
Bleistift, Schere, Nähnadel, Klebstoff
Klarlack

SO WIRD´S GEMACHT

1. Walnußschale wie einen Marienkäfer anmalen und mit Klarlack überziehen.

2. Käferboden aus schwarzem, das Blatt aus grünem Fotokarton ausschneiden.

3. Faden mit der Nadel durch die Löcher im Käferboden ziehen und dann durch die des Blattes. Enden auf der Unterseite dicht an einem Loch verknoten.

4. Auf der Oberseite den Käferboden bis ans gegenüberliegende Loch schieben, den Faden auf dem Boden festkleben, darauf den Walnußkäfer.

5. Fühler aus Biegeplüsch anbringen.

(G. Erhardt)

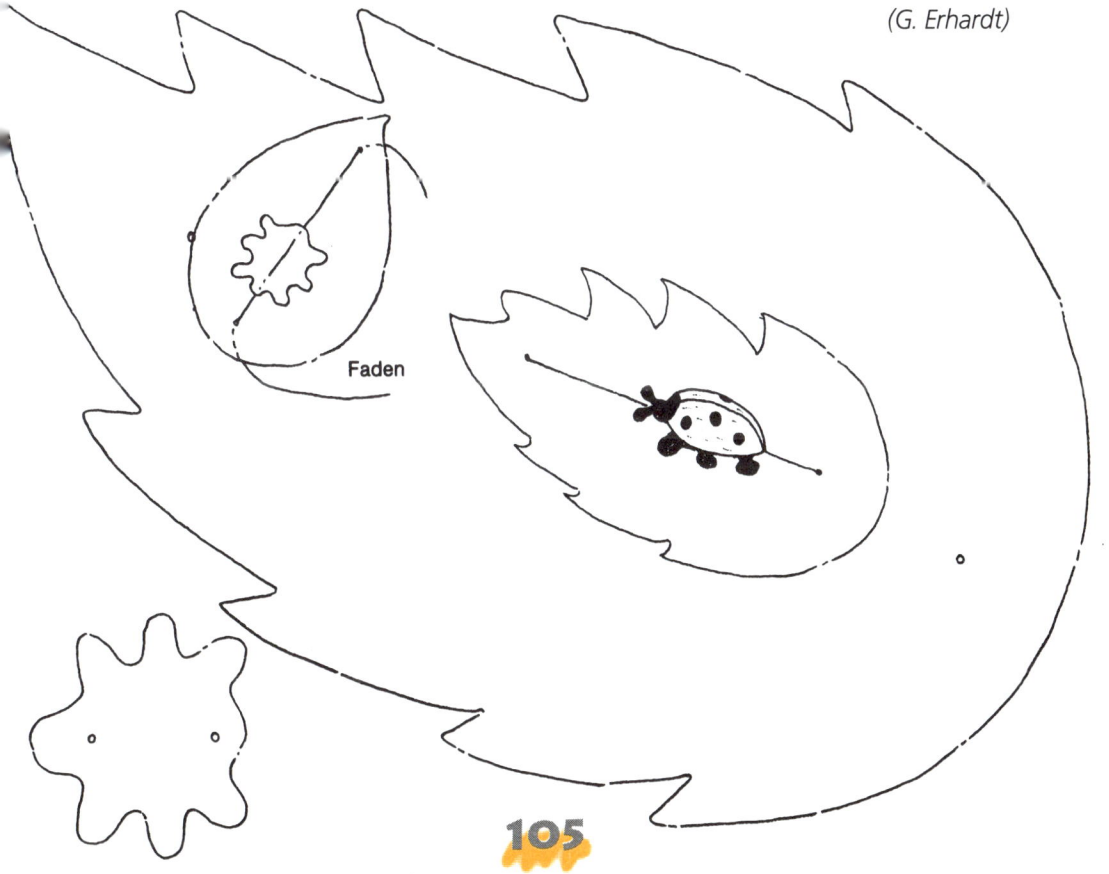

Faden

HERZ MIT BLÜTE

MATERIAL UND HILFSMITTEL

Fotokarton in Rot
Tonpapier in Grün und in
beliebigen Farben
Nähgarn
Bleistift, Schere, Klebstoff

SO WIRD'S GEMACHT

1. Das Herz nach der Vorlage aus rotem Fotokarton, die Blattform aus grünem, die beiden Blüten und den Kreis aus farbigem Tonpapier ausschneiden.

2. Die Einzelteile an den angegebenen Linien falzen und hochbiegen.

3. Oben den Aufhängefaden befestigen.

4. Darauf die grüne Blattform kleben und versetzt erst die große, dann die kleine Blüte und zum Schluß den Kreis.

(G. Erhardt)

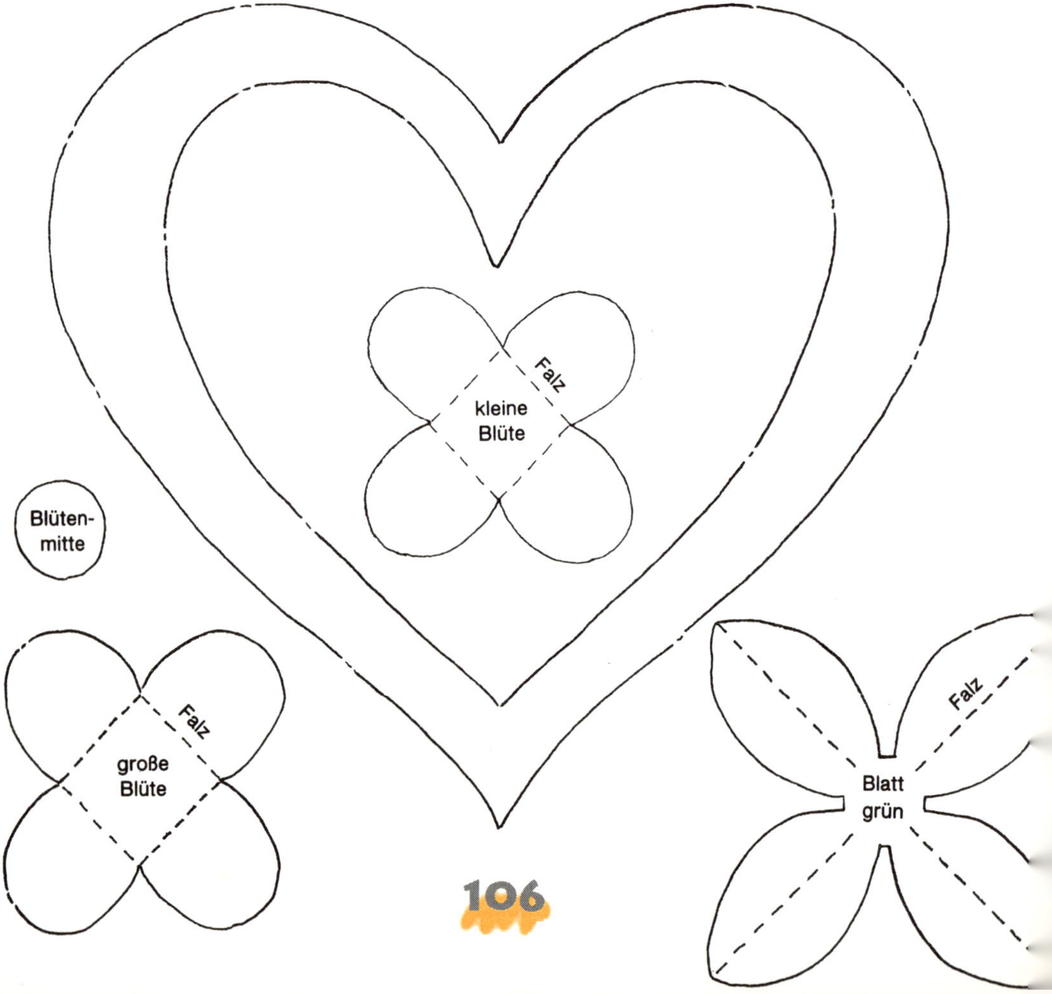

Falz

kleine
Blüte

Blüten-
mitte

große
Blüte

Falz

Blatt
grün

Falz

FÜR EINEN GEMÜTLICHEN NACHMITTAG: KIRSCH- ODER APFELTASCHEN

ZUTATEN

6 Äpfel
1 Eßlöffel Ursüße
2 Eßlöffel Rosinen oder
1 Glas entsteinte Schattenmorellen
TEIG:
3 Tassen Mehl
6 Eßlöffel Ursüße
6 Eßlöffel Öl
6 Eßlöffel Milch
1 Tasse Quark
1 Päckchen Backpulver
1 geschlagenes Ei

1. Für Apfeltaschen Apfelmus aus Äpfeln, Ursüße und Rosinen kochen, für Kirsch- taschen die Schattenmorellen gut ab- tropfen lassen.

2. Für den Teig alle Zutaten mischen und kneten, bis er glatt und geschmeidig ist.

3. Den Teig auf einem bemehlten Brett ausrollen. 10 cm große Kreise ausstechen.

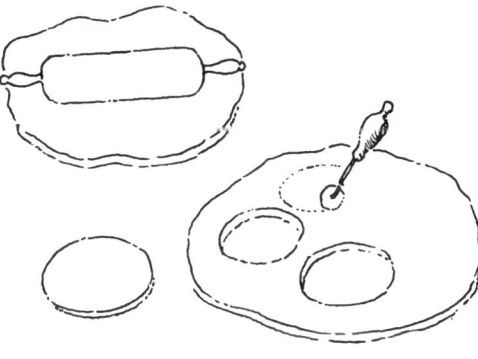

4. Auf die eine Hälfte Apfelmus oder Kirschen füllen und den Rand des Kreises mit geschlagenem Ei bestrei- chen. Die Füllung mit der zweiten Teighälfte zudecken und den Rand fest zusammendrücken.

5. Bei 200°C ca. 15 Minuten backen.

(E. Scharafat)

Bären sind beliebte und dankbare Motive. Man findet sie in Märchen, Geschichten, Liedern, Bilderbüchern und Zeichentrickfilmen: Kinder lieben Bären! Der Teddybär ist schon seit Generationen neben der Puppe das beliebteste und wichtigste Kinderspielzeug, ein Freund und treuer Begleiter in guten und schweren Zeiten.

Die Kinder feiern deshalb gern Bärenfeste. Zu den Geburtstagsfeiern können auch die Teddybären aller Gruppenkinder „eingeladen" werden.

GEBURTSTAGSSPIEL

Das Geburtstagskind wird vor die Tür geschickt. Die Kinder singen den Vers nach der Melodie von „Meister Jakob". Bei „Holt ihn her!" holen zwei Kinder das Geburtstagskind herein. In der Mitte des Kreises steht dann eine brennende Kerze.

Wo ist Peter? Wo ist Peter?
Holt ihn her! Holt ihn her!
Peter hat Geburtstag!
Peter hat Geburtstag!
Peter lebe hoch!
Peter lebe hoch!

BÄRENLIED

Die Kinder tanzen im Kreis und singen nach der Melodie von „Summ, summ, summ, Bienchen flieg herum":

Brum, brum, brum,
Bärchen, tanz herum!
Nach der langen Winternacht
bist du endlich aufgewacht
Brum, brum, brum,
Bärchen, tanz herum!

Brum, brum, brum,
Bärchen, tanz herum.
Wackel hin und wackel her,
Bärentanz, das ist nicht schwer.
Brum, brum, brum,
Bärchen, tanz herum!

Brum, brum, brum,
Bärchen, tanz herum.
Liegt auch überall noch Schnee,
wächst das Gras bald in die Höh.
Brum, brum, brum,
Bärchen, tanz herum!

Brum, brum, brum,
Bärchen, tanz herum.
Bärchen, schnell mal hochgereckt,
hast du's Bienenhaus entdeckt?
Brum, brum, brum,
Bärchen, tanz herum!

Brum, brum, brum,
Bärchen, tanz herum.
Bärchen, du bist ja schon groß,
und der Fischfang geht bald los.
Brum, brum, brum,
Bärchen, tanz herum!

Brum, brum, brum,
Bärchen, tanz herum.
Weißer Winter, geh nach Haus,
bunter Frühling, komm heraus!
Brum, brum, brum,
Bärchen, tanz herum!

ZEHN KLEINE TEDDYBÄREN

Ein kleiner Teddybär, der tanzte um die Welt.
„Komm", rief er, „gib mir deine Hand, weil mir das so gefällt".
Der erste Teddy holt sich ein Kind aus dem Kreis, beide tanzen herum.

Zwei kleine Teddybären, die tappen hin und her,
da schrie der dritte: „Ich mach' mit, es kommen auch noch mehr!"
Ein drittes Kind aus dem Kreis gesellt sich dazu, alle tappen „bärenmäßig".

Drei kleine Teddybären, die gingen auf die Reis',
nach Afrika am blauen Nil, komm mit, da ist es heiß!
Ein viertes Kind wird angetippt und tanzt mit, alle wischen sich den „Schweiß" ab.

Vier kleine Teddybären, die zogen aus die Strümpf,
da brachte einer Apfelsaft, nun waren es schon fünf.
Ein Kind aus dem Kreis bringt eine (leere) Flasche, alle „trinken".

Fünf kleine Teddybären, die lagen unterm Baum,
da kam der sechste schnell herbei und pflückte eine Pflaum'.
Die fünf Bären liegen ausgestreckt, der sechste „pflückt eine Frucht" ab.

Sechs kleine Teddybären, die wollten Gespenster sein,
im Nachthemd von der Oma sprang der siebente herein.
Die sechs Bären laufen mit „huhu" herum, der siebente kommt als Gespenst verkleidet.

Sieben kleine Teddybären, die wollten baden gehn,
der achte zog die Hose aus, ihr könnt sie planschen sehn.
Die sieben Teddybären waten durchs „Wasser", sie „spritzen" sich voll.

Acht kleine Teddybären, die könnt ihr fliegen sehn,
der neunte segelt schon ganz hoch, ruft: „Fliegen, das ist schön!"
Die acht Teddybären „fliegen" mit ausgebreiteten Armen herum, der neunte kommt dazu.

Neun kleine Teddybären, die schliefen fest bei Nacht,
der zehnte hat ganz laut geschnarcht, da sind sie aufgewacht.
Die Bären „schlafen", der zehnte kommt dazu und schnarcht laut.

Zehn kleine Teddybären, die tippen euch jetzt an,
nun tanzt mit um die ganze Welt, denn ihr seid auch mal dran!
Die zehn Teddybären springen auf und tippen zehn neue Teddybären an. Das Spiel beginnt neu.

WER SCHLECKT VOM SÜSSEN HONIG?

Die Kinder stehen hinter einem Kreidestrich. Die Erzieherin wartet mit Honigbonbons etwa 15 bis 20 Meter entfernt hinter einem weiteren Kreidestrich. Die Bären würfeln nacheinander mit einem großen Schaumstoffwürfel. Sie dürfen je nach Würfelglück einen oder mehrere Schritte vorwärts hüpfen. Der Bär, der als erster den zweiten Kreidestrich erreicht hat, darf am meisten vom Honig schlecken (mehrere Bonbons), die andern bekommen entsprechend weniger.

Viele kleine Teddybären
möchten gerne Honig schlecken.
Nun springt los, nun hüpft hoch,
wer kann das Bienenhaus entdecken?

Würfel, Würfel, zeig mir doch
viele schwarze Augen schön.
1-2-3-4-5 und 6,
wer darf als erster zum Honig gehn?

BÄRENSCHMUSESPIEL

Ein Kind im Spielkreis wird zum Oberbären bestimmt. Es streichelt mit seinen Pfoten zärtlich seinen linken Nachbarn. So geht die Bärenschmuserei weiter, bis sie wieder ihren Ausgangspunkt erreicht hat. Nun streichelt der Oberbär zuerst dem linken Nachbarn die Ohren, dann dem rechten. Die Streicheleinheiten werden fortgesetzt, bis irgendwo in der Mitte beide zusammentreffen. Das Kind, dem das linke und rechte Ohr gestreichelt wird, macht: „Brumm-brumm." Es darf der neue Oberbär sein.

FRISCHE FISCHE

10 m von einer Grundlinie entfernt, wird ein Kreis gezogen. Darin steht der Eisbär. Die übrigen Kinder laufen dicht an ihn heran und fragen: „Was ißt du am liebsten?" Der Eisbär nennt zunächst beliebige Speisen, z. B. Pudding, Chips. Wenn er ruft: „Frische Fische", müssen die Kinder hinter die Grundlinie flüchten. Wer abgeschlagen worden ist, wird selbst zum Eisbär.

GEBURTSTAGE: BÄRENFESTE

TATZEN WEG VON DER BÄRENHÖHLE!

Zuerst wird eine Bärenhöhle gebaut, z. B. eine Decke über einen Tisch ausgebreitet oder einfach auf den Boden gelegt. Draußen im Freien gibt es noch mehr Möglichkeiten, eine Bärenhöhle zu finden. Zwei oder drei Bären bewachen die Höhle. Die anderen Bären versuchen, in die Höhle einzudringen. Wenn sie aber von den Höhlenbewohnern abgeschlagen werden, müssen sie „erstarren", d. h. steif und still auf ihrem Platz stehenbleiben. Wenn mehr als fünf feindliche Bären in der Höhle sind, ist die Höhle „erobert", und das Spiel beginnt mit anderen Spielern von neuem.

BÄRENSTARKE BEEREN-SPEISE FÜR BÄRENKINDER

ZUTATEN

750 g Beeren der Saison, z. B. Johannisbeeren, Brombeeren, Stachelbeeren,
Heidelbeeren
100 g Haselnüsse
100 g Walnüsse
350 g Quark
6 Eßlöffel Honig
7 Eßlöffel Ursüße
3 Eier
1 l Milch
Vanillesoßenpulver
etwas Butter

SO WIRD´S GEMACHT

1. Die Nüsse in der Pfanne kurz anrösten und anschließend mahlen.

2. Den Quark mit dem Honig und den Eiern glattrühren.

3. Das mit der Milch glattgerührte Soßenpulver hinzufügen.

4. Eine Auflaufform mit Butter ausstreichen und schichtweise die Quarkmasse, das Obst und die Nüsse einfüllen, als letzte Schicht Quark.

5. Den Auflauf bei 180°C etwa 40 Minuten backen.

6. Den Auflauf mit einigen frischen Früchten verzieren.

AM SONNTAG GEHN DIE BÄREN AUS

Am Sonntag gehn die Bären aus,
heraus aus ihrem Bärenhaus.
Sie wolln vom Honig schlecken,
die süßen Früchte schmecken.
Und bärengesund ist auch der Quark
von unserm leckren „Bärenstark".
Wer leckt den letzten Löffel leer?
Ich glaub', das schmeckt euch wohl nach mehr!

FESTE IM SOMMER

In den meisten Kindergärten ist das Sommerfest zugleich auch das Abschlußfest des Kindergartenjahres. Es wird zusammen mit allen Kindern und ihren Eltern gefeiert und erfordert eine rechtzeitige Planung (siehe Seite 8 ff.). Das Thema des Festes kann entweder allgemein gehalten werden, oder man wählt ein bestimmtes Motto. Spielvorschläge für ein „Buntes Sommerfest" finden sich auf den nächsten Seiten. Anregungen für ein Piraten-, Indianer- oder Gespensterfest gibt es im letzten Kapitel.

Neben diesem großen Fest können wir aber schon Ende Juni in der Kindergruppe ein kleines Fest feiern, um den Sommer zu begrüßen, so wie wir es mit den anderen Jahreszeiten auch tun. Der Sommer ist die ideale Zeit für Spiele auf der Wiese, und den Kindern macht es Spaß herumzutoben. In der Praxis hat es sich bewährt, Mannschaften zu bilden: die Kinder, die gerade nicht dran sind, schauen ihren Mannschaftskameraden aufmerksam zu und der Konkurrenz ebenso. Damit es auch gerecht zugeht, stellen wir die Mannschaften zusammen.

WAS SCHENKT UNS DER SOMMER?

Was schenkt uns der Sommer?
Den Sommerwind.
Und Sand und warmes Wasser
für jedes Kind.

Ach Sommer, lieber Sommer,
dich mag ich sehr.
Und wenn du im Herbst fortgehst,
komm bald wieder her.

Was schenkt uns der Sommer?
Den Wiesenduft.
Und Kirschen und viele Beeren
und warme Luft.

Was schenkt uns der Sommer?
Den Mohn und den Klee
und Fohlen auf der Wiese
und Fische im See.

Was schenkt uns der Sommer?
Das Himbeereis
und nackte braune Beine
und Sonne so heiß.

Was schenkt uns der Sommer?
Ein Wolkengesicht.
Das malt er an den Himmel
mit hellem Licht.

SOMMERFEST

TISCHKARTEN ODER SPIELZEUG: KLAMMERSEGLER

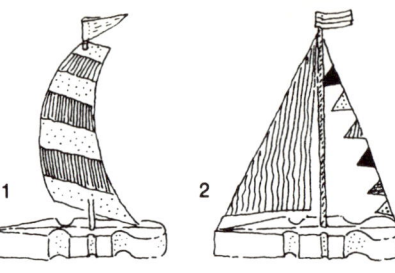

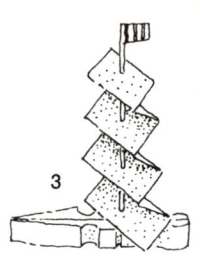

MATERIAL UND HILFSMITTEL

Wäscheklammern aus Holz, ohne Metallbügel
Trinkhalm
Schreib- oder Buntpapier
Perlgarn
Bleistift, Schere, Klebstoff
Lochzange

SO WIRD'S GEMACHT

1. Für den Rumpf zwei Holzwäsche-klammern an den geraden Seiten zu-sammenkleben.

2. In das Loch einen 11 cm langen Trink-halm einkleben.

3. Das Segel des Schiffes 1 nach den angegebe-nen Maßen aus Schreibpapier zu-schneiden und mit Filzstiften bemalen.

4. Mit der Lochzange zwei Löcher aus-stanzen und den Trinkhalm als Mast durchstecken. Damit das Segel nicht herausrutscht, eine Fahne oder einen Wimpel an der Mastspitze festkleben.

5. Bei Schiff 2 vor dem Zusammenkleben des Rumpfes einen Faden 1 cm unter der Mastspitze verknoten und mit Klebstoff sichern. Dann die Faden-enden an Bug und Heck zwischen die Klammern kleben und nach dem Trocknen abschneiden.

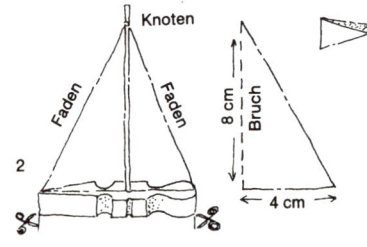

6. Das Segel aus Buntpapier zuschneiden, im Bruch über den Bugfaden legen und zusammenkleben. Den Heckfaden mit kleinen Wimpeln schmücken.

7. Für Segler 3 das Segel aus weißem Schreibpapier schnei-den und in 2 cm breite Treppen falten.

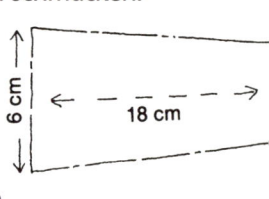

8. Die Falten genau in der Mitte lochen und den Mast durchstecken. Erst jetzt die Falten auseinanderziehen. An die Mastspitze einen Wimpel ankleben.

(G. Erhardt)

EINE BUNTE SEIFENBLASE

Reimspiel

Eine bunte Seifenblase
schwebt grad über meiner ...   *Nase.*

Und der leichte Sommerwind
treibt sie übers Gras ge...   *schwind.*

Schwebt sacht übers Erdbeerbeet,
wo die Vogelscheuche ...   *steht.*

Treibt dann weiter übern Zaun,
immer noch kann ich sie ...   *schaun.*

Schwebt am Kirschenbaum vorbei,
Amselmann denkt: O wei, o ...   *wei.*

was ist das für ein zartes Ding,
ein besondrer Sch...   *metterling.*

Ob sie denn nicht bald zerspringt?
Ob die Reise übers Dach ge...   *lingt?*

Auf dem Dach, da gurren Tauben:
Nein, das ist ja kaum zu ...   *glauben.*

Habt ihr so was schon gesehn,
bunt und schillernd, zart und sch...   *ön?*

O – nun fliegt es zum Schornstein gar,
ist das ein Vogel – wun...   *derbar.*

Auf dem Dach breit und fest hat
ein Storchenpaar sein ...   *Nest.*

Klapper, klapper, auf der Schnabel!
1-2-3 hast du's gesehn,
da ist es um sie ...   *geschehn.*

Doch wartet nur – ganz still und leise
schicken wir neue Seifenblasen auf die ...   *Reise!*

Rezept für Seifenblasenlösung
2 l warmes Wasser, 8 Eßlöffel grüne Seife,
8 Eßlöffel Glycerin gut vermischen.

SOMMERFEST

BALLONBLASEN

Die Kinder bilden zwei Mannschaften. Jede Mannschaft bekommt einen Luftballon und versucht, ihn so lange wie möglich durch Blasen in der Luft zu halten. Der Ballon darf nicht mit dem Kopf oder mit den Händen berührt werden. Die Erzieherin kann dabei rufen:

„Kommt – wir blasen wie der Wind, fliegt ihr Bälle hoch geschwind!"

SEHT IHR UNSRE BÄLLE FLIEGEN?

Die Kinder stellen sich zu Paaren gegenüber und fassen sich an den Händen. Der Spielleiter klemmt einen Luftballon zwischen ihre Nasen. Auf die Melodie „Alle meine Entchen" singen die übriggebliebenen Kinder:

„Seht ihr unsre Bälle
fliegen hin und her,
wer kann das am längsten,
oh, das ist so schwer!"

Die Paare springen hin und her und versuchen, den Luftballon tanzen zu lassen. Wenn sie den Ball verlieren, darf ein anderes Paar weiterspielen.

NESTER TAUSCHEN

Jedes Kind zieht um sich herum einen kleinen Kreis oder legt einen Turnreifen für sein Nest hin. Dann rufen die Kinder der Erzieherin ihre Vogelnamen zu, z. B. Spatz, Kuckuck, Lerche, Amsel. Nun ruft die Erzieherin:

„Der Star fliegt ins Amselnest."

Während die betreffenden Kinder ihre Plätze tauschen, versucht die Spielleiterin ebenfalls, in eins der aufgerufenen Nester zu fliegen. Das Kind, das übrigbleibt, muß die Rolle der Spielleiterin übernehmen.

WER KANN AM BESTEN BALANCIEREN?

Zu diesem Spiel braucht man Pappteller und Pappbecher. Zunächst wird eine Balancier-Strecke abgegrenzt. Dann kann der Wettkampf mit verschiedenen Schwierigkeitsgraden beginnen.

1. *Der leere Becher wird auf dem Handrücken oder Kopf balanciert.*
2. *Der mit Wasser gefüllte Becher wird auf dem Handrücken oder Kopf balanciert.*
3. *Der Pappteller wird auf dem Kopf balanciert und der Becher auf der Handinnenfläche getragen.*

WAS KRIECHT UND FLIEGT UND SCHWIMMT DENN DA?

Die Kinder setzen sich zu einem Kreis zusammen. Der Spielleiter hat ein Taschentuch zu einem Ball geknotet oder wirft einen Tennisball zu einem Kind hinüber. Dabei ruft er: „Luft". Sofort muß das Kind ein Tier nennen, das fliegen kann.
Dann wirft er den Ball weiter und ruft: „Wasser". Nun soll dieses Kind ein Tier nennen, das im Wasser vorkommt. Wenn es zu lange dauert, rufen alle Kinder:
„1, 2, 3, verfaultes Ei!"
Nun muß das Kind ein Pfand abgeben.

WER KANN AM BESTEN ZIELEN?

Auf dem Boden werden flache Pappteller verteilt. Auf jedem Teller liegt ein kleiner Preis: ein Radiergummi, ein Aufkleber, ein kleines Spielzeug, ein Bonbon. Die Kinder stellen sich nun an der Startlinie auf. Der Reihe nach versuchen sie, einen kleinen buntbemalten Kronenkorken auf einen Pappteller zu werfen. Wer den Teller getroffen hat, erhält den kleinen Preis.
Das Spiel wird immer schwieriger, je weiter die Pappteller von der Startlinie fort gerückt werden.

WENN EINER EINE REISE MACHT

Die Kinder sitzen im Kreis, sie bekommen entweder eine Nummer, einen Städte- oder Ländernamen, den Namen eines Sees, eines Gebirges oder die Namen von Tieren oder Blumen gesagt.
Nun fängt der Spielleiter an, eine Reisegeschichte zu erzählen. Sie sollte einfallsreich und lustig sein. Ganz zufällig streut er die betreffenden Nummern oder Namen ein, die vorher festgelegt worden sind. Sobald eine entsprechende Zahl, ein Städte- oder Ländernamen usw. auftaucht, muß der betreffende Spieler aufspringen und sich melden. Wenn er es vergißt, muß er ein Pfand abgeben.

WER GEWINNT DAS RENNEN?

Der Spielleiter bindet an kleine Holztiere (Enten, Pferdchen) auf Rädern eine Schnur. Die kleinen „Renntiere" werden nun genau nebeneinander gestellt, und die Spieler bekommen eine Garnrolle in die Hand. Nun müssen sie versuchen, die Schnur schnell aufzuwickeln. Das Tier darf aber nicht umfallen, sonst muß der Spieler bei dieser Runde ausscheiden. Am besten setzen sich die Spieler auf kleine Stühle, sonst laufen sie vor lauter Aufregung ihrem Spieltier entgegen.

SOMMERFEST

LUSTIGES ROBOTERSPIEL

Im Raum stehen jeweils zwei Kinder verteilt, ein Kind ist der Roboter, das andere der „Programmierer". Er drückt bei den entsprechenden Textstellen dem Roboter auf den Rücken. Dieser bewegt sich zunächst ungelenk, ruckartig, bis er die richtigen Bewegungen ausführt, jedoch immer roboterartig. Ab der zweiten Strophe führt er zwischendurch „falsche Bewegungen" aus. Dann wird das Spiellied in der zweiten Fassung gesungen. Nach einer Weile werden die Rollen gewechselt.

Spiellied 1 nach der Melodie „Alle meine Entchen"

Heut ist Robo zu Besuch,
Robo, steh mal still!
Wenn ich auf die Tasten drücke,
tut er, was ich will.

Gerufene Spielanweisungen:
Robo ist ein Wundermann,
seht, wie Robo tanzen kann!

Robo ist ein Wundermann,
seht, wie Robo stampfen kann!

Robo ist ein Wundermann,
seht, wie Robo essen kann!

Robo ist ein Wundermann,
seht, wie Robo trinken kann!

Robo ist ein Wundermann,
seht, wie Robo springen kann!

Robo ist ein Wundermann,
seht, wie Robo klatschen kann!

Robo ist ein Wundermann,
seht, wie Robo sich drehen kann!

Robo ist ein Wundermann,
seht, wie Robo drohen kann!

Robo ist ein Wundermann,
seht, wie Robo hauen kann!

Spiellied 2:

Heut ist Robo zu Besuch,
Robo, was soll das?
Machst ja alles ganz verkehrt,
Robo, laß den Spaß!

1, 2, 3 – WIR SIND FREI

*Die Kinder bilden zwei Gruppen: Fänger,
erkenntlich an roten Armbinden, und
Wildpferde. Überall auf der Spielfläche lie-
gen Turnreifen, allerdings weniger als es
Wildpferde gibt.*
*Alle Kinder laufen umher, dazu kann ein
Lied von einer Kassette gespielt werden.
Wenn die Musik verstummt, versuchen die
Fänger die Wildpferde zu greifen. Die
Pferde müssen in einen Reifen springen,
um sich zu retten. Wenn dort schon ein
Wildpferd sitzt, bittet es: „1 ,2, 3, 4, liebes
Pferd, hilf du mir!" Dann umarmen sich die
beiden und rufen: „1, 2, 3 – wir sind frei!"*

PARTNERSPIEL

*Die Kinder stellen sich zu zweit so gegen-
über auf, daß sie sich an den Fußspitzen
berühren, und fassen sich bei den Händen.
Sie lehnen sich weit zurück, gehen in dieser
Haltung in die Hocke und richten sich wieder auf. Aber nicht dabei loslassen!
Dann stellen sie sich mit gegrätschten
Beinen voreinander hin, schlagen die Arme
über die Arme des Partners und lehnen sich
gemeinsam vornüber, ohne daß sich die
Köpfe berühren. Dann weit nach rückwärts
lehnen, nach oben schauen, dann wieder
gemeinsam vornüber beugen.
Nun recken sie sich hoch auf die Zehen-
spitzen und versuchen, mit den Armen
höher und höher zu hangeln, als ob sie die
obersten Blätter eines Baumes abpflücken
wollten.*

SOMMERFEST

121

SÜSSE NUDELN

ZUTATEN

300 g Vollkornnudeln
3 Eßlöffel gemahlene Mandeln
3 Eßlöffel gemahlene Haselnüsse
3 Eßlöffel Honig
3 Eßlöffel Preiselbeermarmelade
2 Messerspitzen gemahlene Vanille und
Zimt
6 Eßlöffel Sahne
1 Ei

SO WIRD´S GEMACHT

1. Nudeln wie angegeben kochen.

2. Nüsse und Mandeln mit Honig und
   Marmelade mischen.

3. Abwechselnd eine Schicht Nudeln und
   eine Schicht Nußmus in eine gefettete
   Auflaufform geben.

4. Sahne und Ei verquirlen und über die
   Masse gießen.

5. Den Auflauf auf dem mittleren Rost
   bei 180°C etwa eine halbe Stunde
   backen.

KALTE GEMÜSESUPPE

ZUTATEN

1 grüne Paprikaschote
2 Knoblauchzehen
5 Tassen Wasser
1/2 Tasse Öl
4 geschälte Tomaten
Salz, Pfeffer, Obstessig nach Geschmack
1 Tasse feingebröseltes Fladenbrot oder
anderes Vollkornbrot

SO WIRD´S GEMACHT

1. Knoblauchzehen zerdrücken und mit
   der zerkleinerten Paprikaschote, den
   Brotkrumen und dem Öl in einen
   Mixer geben.

2. Die Tomaten zugeben, am Schluß
   Essig und Wasser zugießen und mit
   Salz und Pfeffer abschmecken.

3. Die Suppe mindestens zwei Stunden
   im Kühlschrank kalt stellen.

*Dazu passen extra angerichtete kleine
Gurkenstücke und kleingeschnittenes
Fladenbrot.*

ROTE BEERENGRÜTZE

ZUTATEN

1 Glas entsteinte Schattenmorellen
750 ml roter Saft, z. B. Beeren- oder Traubensaft
100 g Puderzucker
65 g Speisestärke
800 g frische oder gefrorene Beeren, z. B. Erdbeeren, Brombeeren, Himbeeren, Johannisbeeren
500 ml süße Sahne
2 Päckchen Bourbon-Vanille-Zucker

SO WIRD´S GEMACHT

1. Die Schattenmorellen mit Saft in einen großen Kochtopf geben und langsam erhitzen.

2. Die Speisestärke mit einer Tasse voll Beeren- oder Traubensaft anrühren und auflösen.

3. Den restlichen Saft und den Puderzucker in den Kochtopf geben.

4. Die gewaschenen oder unaufgetauten (!) Beeren hinzugeben. Die Grütze aufkochen lassen und dabei ständig rühren.

5. Die Grütze in eine kalt ausgespülte Schüssel geben, abkühlen lassen und dann für einige Stunden in den Kühlschrank stellen.

6. Mit gesüßter Vanille-Sahne servieren.

BANANENSCHAUM

ZUTATEN

6 Bananen
Saft von 3 Zitronen
4 Eßlöffel Fruchtzucker oder Honig
etwas Vanille und Zimt (beide gemahlen)
Hagelzucker

SO WIRD´S GEMACHT

1. Alle Zutaten im Mixer pürieren.

2. Den Schaum in Gläser füllen, deren Rand vorher mit Zitronensaft bestrichen und in Hagelzucker getaucht wurde.

3. Zum Schluß eine dünne, eingeschnittene Zitronenscheibe an den Rand des Glases stecken.

SOMMERFEST

Geburtstage werden im Sommer am besten im Freien gefeiert – mit Spielen, bei denen sich die Kinder bewegen können.
Und wenn das Geburtstagsfest auf der Wiese „ins Wasser" fällt? Auch dafür gibt es Ideen, die man draußen oder drinnen spielen kann.

TINA HAT GEBURTSTAG HEUT

Bei diesem Geburtstagsspiel kann das Geburtstagskind in der Mitte des Kreises bei den Kerzen sitzen. Die anderen Kinder kommen aus dem Kreis zum Geburtstags-kind gelaufen und spielen ihre Kunststücke vor. Den Kindern werden bestimmt noch mehr Verse und Kunststücke einfallen: der Hund kann hochspringen und bellen, das Pferd kann wiehern und galoppieren, der Floh kann hüpfen und pieken.
Das Lied wird nach der Melodie von „Ein Vogel wollte Hochzeit machen" gesungen.

Die Tina hat Geburtstag heut,
so sehr hat sie sich drauf gefreut.
Fiderallala, fiderallala, fiderallalala.

Wir laden alle groß und klein
zum Fest in unsern Kreis hinein!
Fiderallala, fiderallala, fiderallalala.

Nun zünden wir die Kerzen an,
daß jeder sich mit freuen kann!
Fiderallala, fiderallala, fiderallalala.

Ihr Tiere, kommt doch alle her
und wünscht ihr Glück und noch viel mehr!
Fiderallala, fiderallala, fiderallalala.

Der Pfau putzt sich die Federn grad
und schlägt ein riesengroßes Rad.
Fiderallala, fiderallala, fiderallalala.

Der Hoppelhase Mümmelmann
macht Männchen flink, so gut er kann.
Fiderallala, fiderallala, fiderallalala.

Der Storch, der klappert laut herein,
dann steht er stolz auf einem Bein.
Fiderallala, fiderallala, fiderallalala.

Der Schmetterling schwebt leis heran,
schau dir die bunten Flügel an!
Fiderallala, fiderallala, fiderallalala.

Der Kuckuck singt zwei Töne dir,
wie alt bist du – so sag es mir!
Fiderallala, fiderallala, fiderallalala.

Der Affe dreht im Kreis sich froh,
dann springt er fort, zeigt dir den Po.
Fiderallala, fiderallala, fiderallalala.

Die Katze schnurrt dir leis was vor,
kraul sie ein bißchen hinterm Ohr!
Fiderallala, fiderallala, fiderallalala.

Die Schneck' in ihrem Schneckenhaus
streckt dir zum Gruß die Fühler raus.
Fiderallala, fiderallala, fiderallalala.

Wer springt da frisch gewaschen her?
Der kleine Waschbär brummt gar sehr.
Fiderallala, fiderallala, fiderallalala.

Sind denn nun alle Gäste hier?
Wir rufen: Alles Gute dir!
Fiderallala, fiderallala, fiderallalala.

Wir gratulieren, groß und klein,
die Tina soll sich heute freun!
Fiderallala, fiderallala, fiderallalala.

Wir sind von nah und ferne da.
Geburtstagskind! Hurra! Hurra!
Fiderallala, fiderallala, fiderallalala.

*Nach diesem Lied schließen sich Spiele
oder das Essen der Geburtstagsspeisen an.
Am Ende der Geburtstagsfeier können die
„leicht-verrückten Tiergeschichten" stehen,
eine Variante dieses Liedes, die auf gleiche
Melodie gesungen wird.*

LEICHT-VERRÜCKTE TIERGESCHICHTEN

Die Ziege flog heut übers Haus
und streckte uns die Zunge raus.
Fiderallala ...

Die Kuh holt sich ein Kopftuch her
und segelte weit übers Meer.

Das Schwein zog sich die Stiefel an:
„Mal sehn, ob ich drin tanzen kann!"

Das Pferd trug Schleifen an dem Schwanz,
die flatterten beim Pferdetanz.

Die Katze maunzt: „Ich trag' 'nen Hut,
der paßt zu meinen Pfoten gut!"

Der Hund ein Pfauenrad heut schlägt,
so groß, daß er sich kaum bewegt.

Der Kamm vom Hahn ist heute blau,
die Henne nimmt's nicht so genau.

Das Schaf trägt einen Federkranz,
der flattert lustig 'rum beim Tanz.

Der Hase zieht die Flossen an,
mal sehen, ob er schwimmen kann!

Der Igel trägt ein Flatterkleid,
die Stacheln flattern meilenweit.

Der Storch, der läßt das Klappern sein,
der quiekt heut laut, grad wie ein Schwein!

Wer düst mit Flügeln um die Eck!
Ihr glaubt es nicht, das ist die Schneck!

Der Regenwurm, der Regenwurm,
der sitzt heut auf dem Glockenturm.

Das Känguruh, das Känguruh,
macht seine Tasche auf und zu.

FUCHS UND HASE

Durch Abzählen werden Fuchs und Hase
ausgewählt:
„Komm nur her, ich sag' dir was,
du bist Fuchs und du bist Has'."
Die übrigen Kinder verteilen sich in Gruppen.
Je drei Kinder bilden eine Gruppe. Zwei
Spieler fassen sich an, dazwischen steht
der „Hase" im Hasenbau. Nun beginnt der
Fuchs zu jagen. Die Hasen dürfen nur ganz
kurz in ihrem Bau Schutz suchen. Sie müssen ihren Bau verlassen und werden gejagt.
Jeder Hase, den der Fuchs gefangen hat,
wird selbst zum Fuchs und darf jagen.
Günstig ist es, wenn die Füchse durch eine
Binde um das Handgelenk (Taschentuch)
gekennzeichnet werden. Nach einer Weile
dürfen die atemlosen Hasen und Füchse
den Hasenbau darstellen, während die
andern jagen müssen bzw. gejagt werden.

KISSENSPIEL

Auf den Fußboden werden eine Anzahl
Kissen gelegt. Die Kinder wandern singend
herum (z. B. „Fuchs, du hast die Gans
gestohlen" usw.). Der Spielleiter ruft: „Halt",
und jeder versucht, einen Kissenplatz zu
bekommen. Wer kein Kissen erwischt hat,
scheidet aus. Nun wird ein weiteres Kissen
fortgenommen.
Das Spiel wird fortgesetzt, bis nur noch ein
Kissen auf dem Boden liegt, auf dem der
Gewinner „thronen" darf.

JAGDSPIEL

Ein Spieler ist Löwe, ein anderer ist Jäger. Die übrigen Spieler sind Zebras, Gazellen, Strauße, Antilopen. Der Löwe darf mit einem zusammengeknoteten Taschentuch die Tiere abschlagen, der Jäger sie mit einem Ball abwerfen. Die Jagdbeute bringen Löwe und Jäger jeweils in einen markierten Kreis. Wenn der Löwe den Jäger erwischt und umgekehrt, gehört die gesamte Beute ihm, und das Spiel beginnt von neuem.

SPECHT-KLOPFSPIEL

Die Kinder setzen sich im Kreis zusammen. Der Spielführer ruft:
„Der Specht, der Specht klopft tief im Wald, paß auf, auf einmal heißt es: halt!"
Nun fängt der Spielführer an zu klopfen, mit dem Zeigefinger, mit dem Daumen, mit dem Ellenbogen, mit der flachen Hand, mit den Füßen, mit einem Stock, usw. Plötzlich nimmt er beide Hände hoch. Aufgepaßt! Wer jetzt noch weiterklopft, muß ausscheiden.

DAS AFFENSPIEL

Der Spielleiter im Spielkreis führt eine bestimmte Bewegung aus, z. B. zeigt er eine lange Nase. Der Nachbar wiederholt die Bewegung und fügt eine neue hinzu, z. B. klatscht er in die Hände oder springt auf. Reihum muß nun jeder Spieler den Bewegungsablauf wiederholen und eine neue Bewegung hinzufügen. Wer einen Fehler macht oder zu lange wartet, muß ausscheiden.

ROTER ZAUBERBECHER

Zur Abkühlung gibt´s nun eine sommerliche Eiscreme, die ohne Zucker zubereitet wird: Einen großen Becher Joghurt je nach Geschmack mit 2 bis 3 Eßloffeln Honig vermischen und 500 g Erdbeermus und etwas Vanille dazugeben. Dafür die Erdbeeren mit der Gabel zerdrücken oder in einen Mixer geben. Die Mischung einige Stunden ins Tiefkühlfach stellen. Das Eis schmeckt am besten, wenn es angetaut ist.

WOLLT IHR WISSEN, WAS DIE ELEFANTEN MACHEN?

*Der Rüssel kann mit nach vorn gestreck-
ten Armen dargestellt werden. Wir singen
auf die Melodie: „Wollt ihr wissen, wollt
ihr wissen ..."*

Wollt ihr wissen, wollt ihr wissen,
was die Elefanten machen?
Rüssel schwenken, Rüssel schwenken,
alles dreht sich herum.

*Die Kinder formen die Arme zu einem Rüssel
und schwenken ihn herum und drehen sich
dann um sich selbst einmal herum.*

Wollt ihr wissen, wollt ihr wissen,
was die Elefanten machen?
Ganz laut stampfen, ganz laut stampfen,
alles dreht sich herum.

*Die Kinder stampfen laut auf, eventuell
Einsatz von Klanghölzern und Trommeln.
Dazu können sie im Kreis herumgehen.*

Wollt ihr wissen, wollt ihr wissen,
was die Elefanten machen?
Wasser schlürfen, Wasser schlürfen,
alles dreht sich herum.

*Die Kinder beugen sich mit dem „Rüssel"
zum Wasser nieder, füllen das „Wasser" in
ihre Hände und führen es zum Mund.*

Wollt ihr wissen, wollt ihr wissen,
was die Elefanten machen?
Mit Wasser spritzen, mit Wasser spritzen,
alles dreht sich herum.

*Die Kinder „bespritzen" sich mit dem
„Rüssel" mit Wasser.*

Wollt ihr wissen, wollt ihr wissen,
was die Elefanten machen?
Laub abreißen, Laub abreißen,
alles dreht sich herum.

*Die Kinder greifen mit ausgestrecktem
„Rüssel" nach oben und pflücken „Laub" ab.*

Wollt ihr wissen, wollt ihr wissen,
was die Elefanten machen?
Leis auftreten, leis auftreten,
alles dreht sich herum.

*Die Kinder gehen im Kreis herum und tre-
ten dabei ganz leise auf; dazu eventuell
leise Begleitung vom Glockenspiel.*

Wollt ihr wissen, wollt ihr wissen,
was die Elefanten machen?
Sanft einschlafen, sanft einschlafen,
alles dreht sich herum.

*Jeweils zwei Kinder halten sich an den
Händen fest und formen ihre Hände zu
einer „Rüsselwiege". Sie schwenken das dritte Kind sanft darin hin und her. Nach einer
Weile werden die Rollen gewechselt.*

FINGERELEFANT

Jeweils zwei Kinder können sich Elefanten-spiele ausdenken, z. B. Rüssel hakeln, Rüssel drücken usw.

MATERIAL UND HILFSMITTEL
Pappe in Grau
Papier in Weiß
Bleistift, Schere, Klebstoff
Filzstift

SO WIRD´S GEMACHT
1. Die Elefantenform auf Pappe zeichnen und ausschneiden.

2. Augen, Stoßzähne und Fußnägel aus weißem Papier schneiden, aufkleben.

3. Am Rüsselansatz ein Loch hinein-schneiden, durch das der Zeigefinger paßt: Der Zeigefinger ist der bewegli-che Rüssel.

(H. Schauder)

WENN DIE ELEFANTEN STAMPFEN

Die Erzieherin klatscht mit den Händen, mit Holzstäben oder mit der Trommel einen bestimmten Rhythmus, z. B. zweimal klatschen, zwei Schläge Pause, dreimal klatschen, drei Schläge Pause, zweimal klatschen usw. Die Kinder klatschen mit. Wer in die Pause hineinklatscht, muß eine Weile die Hände stillhalten.

JUMBOS OBSTSALAT

ZUTATEN
3 bis 4 Bananen, kleingeschnitten
500 g Beerenmischung
1 Glas (500 ml) Nußjoghurt
125 ml Buttermilch

SO WIRD´S GEMACHT
Alle Zutaten mischen und ziehen lassen.

ABSCHIED: KASPERLE WILL DOCH ZUR SCHULE

Für die Kinder beginnt mit der Einschulung ein neuer Lebensabschnitt. Er wird mit Spannung, aber auch mit etwas Angst erwartet, weil weder Kinder noch Eltern genau wissen, was sie in der Schule erwartet.

Der Schritt ins Schulleben bedeutet, Abschied zu nehmen von der gewohnten Umgebung des Kindergartens, von den zu Bezugspersonen gewordenen ErzieherInnen und von den Spielkameraden.

Das folgende Kasperle-Spiel soll den Kindern Mut machen und den Abschied erleichtern. Das Stück kann von einem Spieler aufgeführt werden, weil immer nur zwei Puppen auf der Bühne sind.

ES SPIELEN MIT

Kasper, Gretel, Großmutter, Teufel, Schnuffi, der Hund

WIR BRAUCHEN

Schultüte, Schulranzen, kleine Modellbauschachtel, Klopfer, kleines Buch

1. SZENE: VOR DEM KASPERHAUS

Kasper: Tri-tra-trallala – Kasperle ist wieder da!
Kinder, wißt ihr, was ich hier habe? Eine ganz bunte Schultüte!
Die wird mir meine Großmutter vollfüllen. Mit Gummibärchen und auch mit ganz gesunden Sachen, mit Fruchtschnitten und Nüssen und Rosinen. Damit ich groß und stark werde, sagt sie. Ich komme nämlich morgen in die Schule!
Juhu – ich freue mich schon darauf!
Und wißt ihr, warum ich mich so doll freue? Ich glaub', ich kriege eine ganz nette Lehrerin mit einem Pferdeschwanz hinten. Und tolle Jeans hat sie immer an! Und ein T-Shirt mit einem Rennrad drauf! Und singen und turnen kann sie! Und flöten darf ich bestimmt auch.
Juhu – flöten! Dann flöte ich alle Mäuse aus den Löchern und lasse sie tanzen! Kinder, jetzt singe ich euch mein lustiges Schullied vor, und ihr könntet alle mitsingen!

Ich mag so gern zur Schule gehn, hollahi ...
und Neues lernen – das ist schön! ...
Freunde find' ich 1 – 2 – 3,
Till und Martin und Marei.

Dann werd' ich an der Tafel stehn, hollahi ...
da sollt ihr mich mal rechnen sehn!
Freunde find' ich, 1 – 2 – 3,
Tanja, Katja und den Kai.

Auch zeichnen kann ich Kasper gut, hollahi ...
und Ringe turnen, ich hab' Mut.
Freunde find' ich, 1 – 2 – 3,
Bernd und Christoph sind auch dabei.

Ach, wie froh ich heute bin, hollahi ...
denn morgen geht's zur Schule hin.
Da ist jeden Tag was los,
hei – bald bin ich richtig groß.

Mit einem Donnerknall erscheint der Teufel auf der Bühne.

Teufel: Ach, da ist ja der dumme Kasper. Der will wirklich zur Schule gehn! Igitt – in der Schule – da stinkt's – das mag meine Teufelsnase nicht riechen – nach Kreide und Buntstiften und Büchern – igitt!

Kasper: Hau ab, Teufel, ich glaub, du willst mal wieder mit meinem Kasperstock eins übergezogen bekommen!

Teufel: Kasper, ich mein's wirklich ausnahmsweise mal ganz gut mit dir! Ich kenne doch so viele Kinder, die haben Angst vor der Schule und vor den Lehrern! Stimmt's, Kinder? *(Kinder protestieren)* Haltet bloß den Mund! Sonst verzaubere ich euch alle in Rohrstöcke oder in lauter Kreidestücke! In der Schule werden die Kinder jeden Tag dreimal verdroschen! Und die Kinder kriegen ganz rote Backen von so viel Backpfeifen! Und sie müssen in der Ecke stehen und sich schämen, wenn sie falsch gerechnet haben.

Kasper:	*(zaghaft)* Aber ich will doch rechnen und lesen und schreiben lernen!
Teufel:	In der Fibel steht nur lauter Quatsch, dazu braucht man nicht lesen zu lernen! Und rechnen braucht man auch nicht zu lernen, dazu sind die zehn Finger da – das reicht!
Kasper:	*(unschlüssig)* Du bringst mich ganz durcheinander im Kopf!
Teufel:	Ich sag's ja, das gibt nur Kopfschmerzen, wenn man so lange auf der harten Bank sitzt. Und schlechte Augen kriegt man auch vom vielen Lesen! Ich sag' dir, mit dem freien Leben ist's dann vorbei! Dann kannst du nicht mehr auf der Wiese herumtoben und die Drachen steigen lassen! Stimmt's, Kinder? *(Kinder protestieren)* Paßt bloß auf – sonst verzaubere ich euch in lauter Drachen, und ihr fliegt auf und davon! Jetzt sing ich dir mein Teufelslied, Kasper! Das merk dir!

Nach der Melodie „Fuchs, du hast die Gans gestohlen …"

Kasper, bist ein armer Wicht,
hör doch gut mir zu!
Geh zur Schule lieber nicht,
aus ist's mit der Ruh!

Wie wird dich der Lehrer schlagen,
Schule macht dich krank!
Da mußt du dich so viel plagen
auf der harten Bank.

Kasper, geh doch lieber spielen
froh den ganzen Tag!
In der Schule mußt du schwitzen,
da gibt's Angst und Plag.

Willst du so viel Zahlen lernen,
ach – das ist ein Graus!
Kasper, laß dir von mir raten,
bleib du doch zu Haus!

Großmutter:	*(ruft von weitem)* Kasper, komm, ich will dir deine Schultüte packen!

Teufel:	Huhu – wenn die Großmutter kommt, dann verdufte ich lieber. Die hat mir doch neulich mit dem Ausklopfer eins übergezogen!

Großmutter: Kasper, du machst ja ein ganz trauriges Gesicht! Was ist los mit dir?

Kasper: Ach, Großmutter – eigentlich möchte ich noch gar nicht in die Schule! Ich möchte lieber noch spielen und toben!

Großmutter: Aber das kannst du doch trotzdem! Ich glaub', der Teufel hat dir die Flausen in den Kopf gesetzt. Wenn ich den erwische! *(beide ab)*

2. SZENE:

Kasper: Tri–tra–trallala ... Kinder, da hab' ich zum Geburtstag diesen tollen Modell-baukasten bekommen. Das soll ein ganz großes Flugzeug werden! Damit will ich bis nach Amerika fliegen. Glaubt ihr mir nicht? Ich will gleich anfangen mit dem Basteln. Ach, wie blöd, da stehen ja so viele Zeichen und Ziffern, die kann ich gar nicht lesen. Das hier sollen wohl die Flügel sein; aber wie setze ich die zusammen? Und hier die Räder und die Pilotenkanzel. Lauter einzelne Teile! Wenn ich doch bloß lesen und rech-nen könnte! Vielleicht hilft Gretel mir! Gretel!

Gretel kommt mit einem Buch.

Gretel, kannst du mir helfen? Du kannst doch schon so gut lesen!

Gretel: Ach Kasper, ich lese gerade so eine spannende Geschichte. Da mag ich gar nicht aufhören! Wart mal *(sie liest die Modellbeschreibung)*. Dieses lange Teil mußt du mit der Tragfläche verbinden, die Motoren dran stecken, an dieser Seite Klebstoff draufstreichen.

Kasper versucht zu wiederholen, bringt alles durcheinander.

Ach Kasper, das dauert mir viel zu lange. Wenn du dein Flugzeug bauen willst, mußt du selber lesen lernen!

Kasper: Aber – ich kann doch schon lesen – da die Mäusegeschichte in deinem Buch! *(zu den Kindern gewandt)* Kinder, da sind so lustige Mäusebilder drin, da kann ich ganz viel von erzählen! Also – ich fang an!
Der Mäusevater Theodor, der steht so gern im Fußballtor! Und kommt der Ball ganz scharf und hoch, der Mäusevater kriegt ihn doch!

Gretel: Kasper, das hast du dir ja alles ausgedacht! Das steht ja überhaupt nicht da! Das ist nur auf den Bildern zu sehen! Nein, geh du erstmal zur Schule!

Kasper: Kinder, was meint ihr – soll ich morgen zur Schule gehen? (*Kinder: ja, ja!*) Aber dann muß ich ganz früh ins Bett, damit ich morgen nicht verschlafe! Großmutter, weckst du mich morgen um 4 Uhr auf?

Großmutter: (*hinter der Bühne*) Kasper, da schlafen ja noch die Hühner! Ich weck' dich kurz vor 7 Uhr, Kasper, dann kommst du früh genug zur Schule!

3. SZENE:

Kasper kommt mit Schulranzen und Schultüte auf die Bühne.

Kasper: Heute geht's wirklich los zur Schule, Kinder! So ein bißchen bibbert's mir ja im Bauch, Kinder! Aber ich krieg' bestimmt nette Freunde, mit denen kann ich Fußball spielen! Vielleicht kriegen wir ja auch eine ganze Fußballmannschaft zusammen. Und ich steh' im Tor! Juhu!

Teufel kommt auf die Bühne.

Teufel: Seh' ich recht, Kasper? Du willst wirklich zur Schule gehen? Hast du dir das denn auch richtig überlegt? Kasper, spitz das Ohr, in der Schule wird man dümmer als zuvor! Stimmt's, Kinder? (*Kinder protestieren.*)

Kasper: So, Teufel, jetzt reicht's aber! Nun kriegst du mit Großmutters Klopfer eins auf deine schwarzen Hörner!

Teufel: Aua – aua!

Kasper: Und laß dich nie mehr hier blicken! Sonst hol' ich noch meinen Schnuffi. Der beißt dir die rote Teufelsnase ab. Stimmt's, Schnuffi? (*Schnuffi bellt hinter der Bühne: „Wau, wau ..." Teufel ab.*) So – der kommt nicht wieder!! Und wir singen das Lied von der Schule!

Nach der Melodie: „Alle meine Entchen ..."

Alle Kinder freun sich heut,	Alle Kinder tanzen heut,	Alle Kinder singen heut,
hipp, hipp, hipp, hurra!	hipp, hipp, hipp, hurra!	eins und zwei und drei!
Heute fängt die Schule an,	Da kommt schon die Lehrerin,	Kinder, Gretel, Kasperle,
Kasper ist auch da!	Kasper ist auch da!	alle sind dabei!

Kasper: Auf Wiedersehen, Kinder, bis zum nächsten Mal!

FESTE FÜR VIELE ANLÄSSE

Der Sommer ist die ideale Jahreszeit für ein ausgelassenes Piratenfest. Das wilde, abwechslungsreiche Leben der Seeräuber vergangener Jahrhunderte begeistert auch heute noch die Kinder. Der Begriff „Pirat" steht für Abenteuer, Freiheit, Wind und Wellen, Segelschiffe, Südseeinseln, geheime Schätze ... Die Möglichkeit, beim Piratenspielen in eine andere Rolle zu schlüpfen, zieht Jungen wie Mädchen gleichermaßen an.

Ein Piratenfest gibt ihnen die Gelegenheit, gedanklich in eine spannende Welt voller Abenteuer zu gelangen. Begeistert machen die Kinder bei der Anfertigung der Utensilien und Kostüme mit. In der Rolle mutiger Piratenkapitäne gehen bald auch schüchterne und jüngere Kinder aus sich heraus.

PIRATENLIED

Komm doch mit, komm doch mit,
komm doch mit zu uns Piraten,
komm doch mit auf große Fahrt,
komm doch mit, komm doch mit,
komm doch mit zu uns Piraten,
komm doch mit.

Schreiend kreisen hoch die Möwen,
irgendwann gehn wir an Land.
Suchen Schätze, schießen Löwen,
graben Gold, das niemand fand.

Komm doch mit ...

Auf der Insel der Korallen
graben wir die Schätze ein.
Ketten, Perlen uns gefallen,
alles wird dort sicher sein.

Komm doch mit ...

Alle Schiffe vor uns fliehen,
denn die Mär eilt uns voraus.
Auf dem Meer sind wir verwegen,
doch ganz zahm bei uns zu Haus.

Komm doch mit ...

Aber wollt ihr euch ergeben
und reicht eure Schätze her,
lassen wir euch Leib und Leben,
ihr fahrt frei dann übers Meer.

Komm doch mit ...

Wir ziehn weiter durch die Wogen,
und um Eisberg, Fels und Riff
segeln wir in hohem Bogen.
Kommt doch her auf unser Schiff!

Komm doch mit ...

PIRATENKOSTÜME

MATERIAL UND HILFSMITTEL

alte T-Shirts
alte Jeans oder Radlerhosen
Stoffarben und Pinsel
Stoffreste für Kopftücher und Schärpe
schwarze oder bunte Strumpfhosen
Hutgummiband
Gardinenring oder Goldfolie
Pappe in Schwarz
Nähgarn, Nähnadel
Bleistift, Schere, Klebstoff

SO WIRD´S GEMACHT

1. T-Shirts mit Stoffarben bemalen, z. B. mit bunten Streifen, gekreuzten Schwertern, einem Totenkopf.

2. Die Hosenbeine der Jeans unregelmäßig abschneiden, ausfransen und Flicken aufsetzen.

3. Den Stoffrest für ein Kopftuch ausfransen. Einen Ohrring (Gardinenring oder aus Goldfolie geformt) annähen.

4. Einen Stoffrest als Schärpe zurechtschneiden und Schwert oder Dolch daran befestigen.

5. Für die Augenklappe einen Halbkreis aus schwarzer Pappe ausschneiden, an der geraden Seite umklappen. Hutgummi durch den Falz ziehen. Die Pappe zusammenkleben. Hutgummi zusammennähen.

SEERÄUBERHUT

MATERIAL UND HILFSMITTEL

Zwei Tonkartons in Schwarz, etwa 30 x 10 cm
Heftklammergerät
Tonpapier in Weiß
Bleistift, Schere, Klebstoff

SO WIRD´S GEMACHT

1. Die Form des Piratenhutes zweimal zuschneiden und an den Schmalseiten zusammentackern.

2. Das Piratenkennzeichen, z. B. Säbel, überkreuzte Knochen oder Totenkopf, aus weißem Tonpapier ausschneiden und auf den Hut kleben.

(Martina Eschholz)

PIRATENSCHWERT

MATERIAL UND HILFSMITTEL
Pappe (60 x 15 x 0, 25 cm)
Bierdeckel
Papierrolle von Toilettenpapier
Fingerfarben oder Lackspray
Klarlack (nur bei Fingerfarben)
Lineal (50 cm)
Bleistift, Schere oder Cutter, Klebstoff

SO WIRD´S GEMACHT

1. Die Maße der Abbildung A auf den Pappbogen (60 x 15 cm) übertragen und die beiden Schwerthälften ausschneiden.

2. Von beiden Seiten der unteren Schwerthälfte 9 cm abmessen und dort 1, 25 cm tief in die Pappe schneiden (gilt für beide Schwerthälften!).

3. Die beiden entstandenen Flächen nach oben knicken.

4. Die beiden Schwerthälften zusammenkleben.

5. Am unteren Ende die Papprolle aufschieben und verkleben.

6. In die Mitte des Bierdeckels einen Schlitz von 6 cm Länge und 0,5 cm Breite schneiden. Den Bierdeckel, von der Schwertspitze herab, auf das Schwert schieben und an der Papprolle festkleben.

7. Das Schwert bemalen. Bei der Verwendung von Fingerfarbe darauf achten, daß sie mit Klarlack fixiert wird, der Griff färbt sonst ab.

(Thomas Eschholz)

5 cm

A

B

C

PIRATENFEST

DER SCHATZ DER PIRATEN WANDERT

Die Piratenkinder sitzen im Kreis zusammen. Sie haben viele Schätze erbeutet. Um den Hauptschatz, einen prächtigen Edelstein, entbrennt ein Streit. Der Piratenkapitän bestimmt, daß mit einem Spiel der Streit geschlichtet werden soll.

Der Schatz, ein schön gemusterter Stein oder eine bunte Glasmurmel, wird in Gold- oder Silberpapier eingewickelt. Der Piratenkapitän (mit Augenbinde und Piratenhut) geht von Seeräuber zu Seeräuber und läßt irgendwo den Schatz in die aufgehaltenen Hände gleiten. Dazu singen die Kinder:

„1, 2, 3, 4, 5, 6, 7,
wo ist nur mein Schatz geblieben?
Hei – ich hab' ihn, gebt nur her,
Gold und Silber, immer mehr."

Nacheinander dürfen die Seeräuber in die Kreismitte kommen, um den Schatz zu finden. Jeder Seeräuber hat drei Versuche. Wer dreimal richtig geraten hat, darf den Schatz behalten (Spielregeln wie beim Spiel: Ringlein, Ringlein, du darfst wandern).

Das Spiel kann mit neuen Schätzen beliebig variiert werden. Dabei wechselt der Piratenkapitän.

(B. Zühlsdorff)

WASCHTAG

Auch Piraten müssen sich einmal waschen: Dafür werden zwei Kinder an Bord des Piratenschiffes abgestellt, um die Mannschaft zu waschen. Eines davon hält einen großen Schwamm in seiner Hand. Die anderen Piraten aber flüchten, weil sie nicht sauber werden wollen. Die beiden Saubermänner oder -frauen dürfen jedoch nur laufen oder rennen, wenn sie den Schwamm nicht in der Hand haben. Deshalb werfen sie sich den Schwamm abwechselnd zu. Ein Kind gilt dann als gewaschen, wenn es mit dem Schwamm berührt wird. Die Saubermänner müssen ihn dabei in der Hand halten, sie dürfen die anderen Kinder nicht mit dem Schwamm bewerfen. Das gewaschene Kind wird zum Saubermann oder zur Sauberfrau und hilft nun, die noch dreckigen Piraten zu waschen.

AUF DIE RETTENDE INSEL

Die Piraten wurden von einem Sturm überrascht, ihr Schiff ist gekentert, und sie müssen sich nun auf eine nahegelegene „Insel" retten.
Die Insel besteht aus einem Bettbezug, der mit zwanzig bis vierzig aufgeblasenen und gut verknoteten Luftballons gefüllt ist, und liegt in einem ausreichend großen Becken mit geringer Wassertiefe.
Die Piraten müssen alle gemeinsam versuchen, auf die Insel zu kommen. Das heißt, sie müssen sich gegenseitig helfen. Das Spiel ist dann aus, wenn alle Piraten auf der Insel sind, bevor einer wieder runterfällt.

PIRATENFEST

DIE GROSSE KAPITÄNSPRÜFUNG

Ein Piratenkapitän muß auch bei Nacht und Nebel sein Schiff durch Eisberge und Klippen hindurchsteuern können. Dazu braucht er besondere Fähigkeiten.
Auf der „Meeresroute" werden verschiedene Hindernisse eingebaut, z. B. Styroporstücke als Eisberge, Eimer oder Kartons als Felsen und Riffe. Die Kinder prägen sich die Hindernisse ein, bevor sie die Augen verbunden bekommen. Nun versuchen sie, über die Hindernisse hinwegzutreten, ohne sie zu berühren. Dabei können sie von einem anderen Piraten geführt werden, der aber keine Warnrufe ausstoßen darf. Mit der Stoppuhr wird die „Fahrzeit" gemessen. Wenn mehrere Piraten fehlerlos die Hindernisse umschifft haben, ist der mit der kürzesten Zeit der Piratenkapitän. Zur Belohnung darf er den Piratenhut aufsetzen und das nächste Spiel aussuchen.

PIRATENSCHMAUS

ZUTATEN

300 frisch gemahlener Weizen oder frisch gemahlene Haferflocken
(der Hafer kann auch mit einer Flockenmühle zu Flocken gemahlen und zusätzlich im Mixer noch zerkleinert werden)
5 Eßlöffel Honig
2 Eßlöffel Nußmus
2 Eßlöffel Kakao
1/2 Teelöffel Vanille
Mohn oder Sesam

SO WIRD´S GEMACHT

1. Alle Zutaten vermischen, gut verkneten und kleine Kugeln daraus formen.

2. In Mohn oder Sesam wälzen und trocknen lassen.

KÄPTEN SEEWOLFS NUDELN

ZUTATEN

500 g Vollkornnudeln, z. B. Hörnchen
2 Dosen Maiskörner
3 Tassen junge Erbsen
Kräutersalz
3 Eßlöffel Butter

Für die Soße:
3 Eßlöffel Sonnenblumenöl
2 Eßlöffel Butter
15 Eßlöffel Tomatenmark
3 Lorbeerblätter, etwas Oregano
Salz, Pfeffer
2 Eßlöffel Sahne
1 Eßlöffel Honig
etwas Zitronensaft
1 Zwiebel, 1 Knoblauchzehe

SO WIRD'S GEMACHT

1. Die Nudeln in einem großen Topf
   Wasser mit etwas Salz und 2 Eßlöffel
   Öl kochen, bis sie bißfest sind.

2. Die Erbsen mit wenig Wasser weichkochen und die Maiskörner hinzufügen.

3. Die Butter zu den Nudeln geben.

4. Die Nudeln in eine Schüssel füllen, in
   die Mitte das Gemüse geben, warm-
   stellen.

5. Für die Soße Zwiebel und Knoblauchzehe schälen und in kleine Stücke
   hacken.

6. Zwiebel-Knoblauchstücke in Öl dünsten. Die übrigen Zutaten zugeben
   und bei milder Hitze köcheln lassen.

7. Wenn die Soße dickflüssig ist, die Lorbeerblätter herausnehmen und den
   Honig zugeben.

SÜSSER SCHATZ

ZUTATEN

1 Dose Ananas
6 Blatt Gelatine (für 1/2 Liter Flüssigkeit)
Ananassaft (aus der Dose), Wasser
als „Schatz" einige Gummibärchen

SO WIRD'S GEMACHT

1. Gelatine 5 Minuten in Wasser einweichen

2. Einige Eßlöffel Ananassaft
   dazugeben und im
   restlichen, erwärm-
   ten Saft auflösen.
   Wenn die Masse
   anfängt steif zu
   werden, die kleinge-
   schnittenen Ananas-
   stücke und einige
   Gummibärchen
   dazugeben.

3. Auf Gläser verteilen.
   Den Glasrand mit
   einer Ananas-
   scheibe verzieren.

INDIANERFEST

Fast jedes Kind möchte sich einmal als Indianer verkleiden. Die ferne, fremde Welt der Indianer mit ihren Legenden ist geheimnisvoll und faszinierend. Mit wenig Aufwand läßt sich ein fröhliches Fest inszenieren, das den Kindern die indianische Kultur näherbringt. Wenn unsere „Indianer" dann über die Prärie schleichen, geben die selbstgeschaffenen Phantasieräume viele Impulse für das freie Spiel, für den Bewegungs- und Entdeckungsdrang der Kinder.

EINLADUNG ZUM INDIANERFEST

Wir laden euch heute alle ein,
beim Indianerfest dabei zu sein!

Kommt mit in unsern Kreis hinein,
denn Indianer brauchen viele Freunde.

Um ... Uhr das Fest beginnt,
darauf freut sich schon ein jedes Kind!

KOMMT ZUM INDIANERFEST

Indianerfest, das fängt nun an,
und jeder sich bemalen kann,
Indianerfest fängt an.
Hugh, hugh, hugh!

Das große Fest, das geht bald los,
und das Gebrüll ist riesengroß.
Das große Fest geht los.
Hugh, hugh, hugh!

Wir sitzen in dem hohen Gras,
Indianertrommeln, das macht Spaß.
Wir sitzen in dem Gras.
Hugh, hugh, hugh!

Reich mir die Friedenspfeife her,
der Rauch beißt in den Augen sehr.
Reich mir die Pfeife her.
Hugh, hugh, hugh!

Das Zelt, das soll bald fertig sein,
da kriechen die Indianer rein.
Das Zelt soll fertig sein.
Hugh, hugh, hugh!

Da schleicht heran der Spitze-Pfeil,
dahinter kriecht das Scharfe-Beil.
Da schleicht der Spitze-Pfeil.
Hugh, hugh, hugh!

Es geht jetzt los auf Büffeljagd,
doch leise, nur kein Lärm gemacht!
Es geht auf Büffeljagd.
Sch –- Sch – Sch.

INDIANERNAMEN

Indianernamen werden auf viele Zettel geschrieben und auf dem Rücken des Indianerkindes befestigt. Jedes Kind darf sich seinen Namen selbst aussuchen, weil jeder Name viel vom Wesen seines Trägers verrät.

- ☸ Kleiner-Wolf
- ☸ Sanftes-Reh
- ☸ Drei-Federn
- ☸ Schnelle-Biberfrau
- ☸ Großer-Jäger
- ☸ Fliegender-Büffel
- ☸ Starker-Adler
- ☸ Kleine-Bärin
- ☸ Listiger-Fuchs
- ☸ Kleine-Wolke
- ☸ Weißer-Falke
- ☸ Heller-Stern
- ☸ Singender-Vogel
- ☸ Brauner-Bär
- ☸ Kleiner-Mond
- ☸ Schneller-Pfeil

KOPFSCHMUCK

MATERIAL UND HILFSMITTEL

lange Federn (Schwanen- oder
Gänsefedern) oder bunte Federn
Seife
Wellpappe
Klebeband
Schere
Fingerfarben

SO WIRD'S GEMACHT

1. Die Federn mit Seifenschaum waschen
   und gut trocknen lassen.

2. Die Federn bunt anmalen.

3. Den Kopfumfang des Kindes abmessen. Dieses Maß auf einen, etwa 5 cm
   breiten Streifen Wellpappe übertragen. Tip: Noch besser sitzt der Ring,
   wenn man ihn etwas kürzer abmißt,
   die Enden des Streifens locht und sie
   mit einem Gummiband verbindet.

4. Die Außenfläche des Rings mit
   Indianermustern bemalen, die Federn
   am Kiel mit Klebstoff versehen und in
   die Rillen der Wellpappe stecken.

INDIANERKETTEN

MATERIAL UND HILFSMITTEL

Schnur, etwa 80 bis 100 cm lang
kleine Federn
Strohhalme
Zwirn, Gummiband
Flaschenkorken
runde und eckige Holzperlen, Glasperlen
Glöckchen
Stoffreste
Knöpfe
Nadel, Schere

SO WIRD'S GEMACHT

1. Die Korken in schmale Scheiben
   schneiden und die Strohhalme kürzen.

2. Kleine bunte Stoffreste zuschneiden.

3. Die einzelnen Schmuckteile auffädeln
   und mit einem Zwirnfaden einige
   Federn dazwischen binden.

(Kindergarten Weingasse, Horb)

BONGOS

MATERIAL UND HILFSMITTEL

Pappröhren in unterschiedlicher Länge
und Dicke, die an einer Seite offen sind
Plastikfolie
dicke Schnur
Bastelfarben
Klebeband

SO WIRD´S GEMACHT

1. Die Röhren mit Indianermustern
   bemalen.

2. Die Röhren stramm mit Plastikfolie
   bespannen und mit der breiten
   Schnur fest zusammenbinden.

FRIEDENSPFEIFE

MATERIAL UND HILFSMITTEL

Papprolle vom Haushaltspapier
Seiden- und Kreppapier
Eierkartons
Bastelfarben
Schere, Klebstoff

SO WIRD´S GEMACHT

1. Die Papprolle mit vielen Streifen
   Seiden- oder Kreppapier bekleben.

2. An eine Seite ein Segment aus Eierkartons kleben und bunt bemalen.

(Renate Leschner)

AUF DEM LACH- UND KITZELPFAD

Indianerkinder müssen lernen, sich zu beherrschen. Auf langen Jagdpfaden müssen sie Hunger und Durst ertragen können, Schmerzen aushalten und sich leise, ohne ein Wort, dem Beutetier nähern. Nacheinander laufen die Indianerkinder den „Lach- und Kitzelpfad" entlang. Es stehen sich zwei Reihen Kinder gegenüber. Sie schneiden Grimassen, kitzeln das Kind auf dem Pfad, pusten ihm „Wind" ins Gesicht ... Das Indianerkind muß versuchen, ganz ernst und beherrscht das Ende des Pfades zu erreichen.

INDIANER SCHLEICHEN SICH AN

Die Indianer wollen auf die Hirschjagd gehen. Dazu müssen sie ganz besonders vorsichtig sein. Hirsche sind sehr scheue Tiere.
Im Raum sind Baumstämme (Bänke) aufgestellt. Über diese müssen die Indianer ganz vorsichtig balancieren. Danach wird ein Bach durchwatet (markiert durch zwei blaue Kreppapierstreifen) und über eine Wiese (eine ausgebreitete grüne Decke, auf der knisterndes Papier verteilt ist) geschlichen. Durch dichtes Unterholz geht es nur gebückt weiter (unter einem Tisch durchkrabbeln). Bei einem Baum kommen die Indianer an einem Bienenstock vorbei und müssen schnell flüchten. An einem

See (blaues Tuch) stechen die Mücken die Indianer. Sie müssen sich kratzen. Die Kinder werden noch mehr Hindernisse finden (Berg, Höhle, Felsabhang), die leise bezwungen werden müssen.

WIR FANGEN DIE FEDER

Alle Indianerkinder stehen mit aufgehaltenen Händen in einem Kreis. Ein Indianerkind geht herum und tut so, als ob es den Mitspielern eine kleine Feder in die Hand lege. Alle schließen sofort nach der Berührung die Hände, aber nur ein Indianerkind hat die Feder erhalten. Wenn alle Hände berührt worden sind, läuft das Kind, das die Feder erhalten hat, ganz schnell zu einem markierten Mal, einem Baum, Strauch oder etwas anderem. Das Kind, das den Läufer fängt, bekommt die Feder und gibt sie als nächstes im Kreis weiter.

INDIANER AUF DEM FÜHLPFAD

Indianerkinder müssen gut riechen, fühlen, tasten, sich im Dunkeln zurechtfinden können, wenn sie auf Jagd sind. Das folgende Spiel kann die Sinne von kleinen Indianern schärfen.

Einem Indianerkind werden die Augen verbunden, nachdem es sich die Mitspieler gut eingeprägt hat. Nun verändern die Spieler ihre Plätze und ihr Aussehen. Kleiner-Bär bekommt zum Beispiel die Mokassins von Krähenfeder, Großer-Adler tauscht mit Kleinem-Reh den Federschmuck und die Ketten aus Muscheln, Kork und Holzstücken. Auch die Trommeln, Rasseln, Tabaksbeutel und Friedenspfeifen können getauscht werden. Jetzt versucht das Kind mit den verbundenen Augen, die Mitspieler zu erkennen.

WAS RIECHT DENN DA SO GUT?

Die Indianer kannten viele Heilpflanzen, die einen besonders starken Duft ausströmten. Auch der Rauch der Friedenspfeife duftete nach Rinden und verschiedenen Kräutern.

Ein Indianerkind stellt sich in die Mitte des Raumes. Es hat eine Duftlampe mit einem Räucherstäbchen in der Hand. Die anderen Indianerkinder gehen mit verbundenen Augen im Raum umher und versuchen, durch Riechen das Kind mit der Duftquelle herauszufinden. Wer es gefunden hat, setzt sich nahe bei dem Kind auf den Boden.

INDIANERFEST

FLEISCHTOPF

ZUTATEN

1 kg gemischtes Hackfleisch
100 g Tomatenmark
Salz, Pfeffer, Thymian, Paprika, Petersilie
1 kleine Dose Maiskörner
1 kleine Dose Kidneybohnen
300 g Kartoffeln
3 Zwiebeln und 3 Knoblauchzehen
Öl zum Braten

SO WIRD´S GEMACHT

1. Kartoffeln schälen und kleinschneiden.

2. Zwiebeln und Knoblauch kleinschneiden und dünsten.

3. Die Gewürze, das Fleisch und die Kartoffeln hinzugeben und 30 Minuten garen lassen. Am Schluß die Maiskörner und Kidneybohnen und die feingehackte Petersilie zufügen und noch einmal 10 Minuten auf kleiner Flamme durchziehen lassen.

Tip: Das Fleisch in einen großen Topf füllen, der über das Lagerfeuer gehängt werden kann. Die Indianer können Fladenbrot oder Vollkornbrötchen dazu essen.

FLEISCHBÄLLCHEN

ZUTATEN

500 g gemischtes Hackfleisch
2 Semmeln oder 80 g Semmelbrösel
etwas Sahne und Wasser
eine sehr klein geschnittene Zwiebel
Majoran, Thymian, Pfeffer, Salz
1 Ei
Öl zum Braten

SO WIRD´S GEMACHT

1. Die Semmeln (Semmelbrösel) mit Sahne und Wasser mischen und quellen lassen.

2. Das Hackfleisch mit den Gewürzen mischen, danach Semmelmasse und Ei hinzufügen. Gut durchkneten und noch mal abschmecken.

3. In reichlich Fett gleichmäßig braun braten.

Tip: Die Indianer können die Fleischbällchen an langen Holzspießen am Feuer noch einmal erwärmen.

ROGGENBRÖTCHEN

ZUTATEN

3 Tassen Weizenmehl
3 Tassen Roggenmehl
1 Teelöffel Salz
1 Päckchen Trockenhefe
1 Teelöffel Zucker
2 Tassen Milch, lauwarm

SO WIRD´S GEMACHT

1. Alle Zutaten in eine große Schüssel schütten und zu einem Teig kneten. Mit einem Tuch zudecken und gehen lassen.

2. Das Backblech einfetten.

3. Nach 30 Minuten den Teig noch einmal durchkneten und zu Brötchen formen, auf das Backblech setzen und mit einem Tuch zudecken. Nochmals 30 Minuten ruhen lassen.

4. Die Brötchen mit einem Messer einschneiden und mit Milch bestreichen. Nach Belieben einige ganze Roggenkörner daraufstreuen.

5. Bei 180 bis 200°C 15 bis 20 Minuten backen.

(E. Scharafat)

SÜSSE BÄLLCHEN

ZUTATEN

200 g getrocknete, ungeschwefelte Aprikosen oder Datteln
eine Prise Zimt und Vanillepulver
2 Eßlöffel heißes Wasser
1 Eßlöffel Orangensaft
etwas Zitronenschale
1 bis 2 Eßlöffel Honig

Zum Bestreuen: Mandelsplitter, Kokosraspel, Carobraspel, gemahlene Haselnüsse, Sesam

SO WIRD´S GEMACHT

1. Die Aprikosen bzw. Datteln mit heißem Wasser beträufeln und im Blitzmixer kleinhacken oder durch den Fleischwolf drehen.

2. Mit angefeuchteten Händen kleine Kugeln formen.

3. Die Kugeln in den Mandelsplittern bzw. den anderen Zutaten wälzen.

Das Rezept ergibt etwa 25 Kugeln, die nicht zu lange aufbewahrt werden sollten.

INDIANERFEST

Kinder äußern immer wieder Wünsche nach phantasievollen „Gruselfesten". Sie sind viel motivierter und gehen mit noch mehr Eifer an die Vorbereitungen als bei Festen mit einem allgemein gehaltenen Titel. Wir sollten auf diese Wünsche eingehen und ihnen dabei helfen, ihre Vorstellungen auszuleben. Oft stecken nämlich geheime Ängste und Phantasievorstellungen dahinter – verschlüsselt ausgedrückte Botschaften, die wir ernst nehmen sollten. Wenn die Kinder handelnd mit ihren Phantasiegestalten umgehen, sind sie selbst „Regisseure" und fühlen sich den angsteinflössenden Monstern nicht mehr ausgeliefert.

GESPENSTERSPIEL

Auf der einen Seite des Raumes sitzen die Gespensterkinder, auf der anderen Seite die unverkleideten Kinder, sie singen nach der Melodie von „Meister Jakob".

Liebes Gespensterchen,
liebes Gespensterchen,
komm zu mir,
komm zu mir!
Reich mir deine Zipfel,
reich mir deine Hände,
ich tanz mit dir!

Die Gespenster flattern durch den Raum und tanzen mit den unverkleideten Kindern.

DAS KLEINE NACHTGESPENST

Unverkleidete Kinder sitzen im Halbkreis.
Einige Kinder geistern mit langen Laken,
die Mund- und Augenschlitze haben, und
Laternen durch den abgedunkelten Raum.
Weitere Gespensterkostüme liegen bereit.
Auf ein Klangsignal hin erhebt sich ein
Gespenst und sucht aus dem Stuhlkreis
neue Gespensterkinder durch Antippen
aus. Sie springen auf und verkleiden sich.
Es werden immer mehr, bis alle verkleidet
sind. Dann beginnen die Gespenster, das
Lied rhythmisch mit Raschelbüchsen,
Blecheimern, Schlüsselbunden, Bechern
und Glockenspielen zu begleiten.

Ob du 's kennst, ob du 's kennst?
Da schleicht das kleine Nachtgespenst.
Das ist gerade aufgewacht,
tanzt und geistert durch die Nacht.
Hu hu, hu hu,
das ist gerade aufgewacht.
Hu hu, hu hu,
tanzt und geistert durch die Nacht.

Ob du 's kennst, ob du 's kennst?
Da tanzt das kleine Nachtgespenst.
Das tanzt und geistert hin und her,
heult und poltert immer mehr.
Hu hu, hu hu,
das tanzt und geistert hin und her.
Hu hu, hu hu,
heult und poltert
immer mehr.

Ob du 's kennst, ob du 's kennst?
Da schwebt das kleine Nachtgespenst
grad hoch und nieder durch die Nacht,
hat uns alle wachgemacht.
Hu hu, hu hu,
grad hoch und nieder durch die Nacht.
Hu hu, hu hu,
hat uns alle wachgemacht.

Ob du 's kennst, ob du 's kennst?
Jetzt träumt das kleine Nachtgespenst.
Es kommt im Wolkenbett zur Ruh
und macht seine Augen zu.
Hu hu, hu hu,
Es kommt im Wolkenbett zur Ruh.
Hu hu, hu hu,
und macht seine Augen zu.

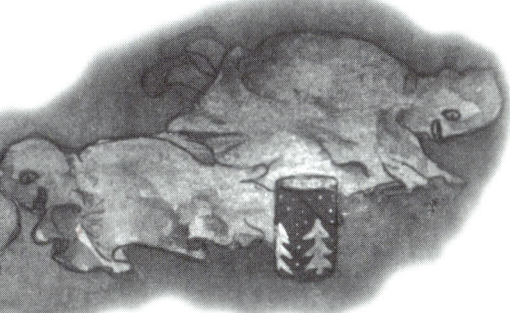

FLIEGENDE GESPENSTER

MATERIAL UND HILFSMITTEL

weiße Tücher
Luftballon
Zwirn und Kordel in Weiß
Nähnadel
Leuchtfarbe

SO WIRD'S GEMACHT

1. Auf weiße Tücher mit Leuchtfarbe Gespenstergesichter aufmalen.

2. Luftballon aufblasen und verknoten.

3. Ein langes Stück Zwirn um den Luftballonhals binden, das andere Ende in die Nähnadel einfädeln.

4. Mit der Nadel durch den Mittelpunkt des weißen Tuches stechen und den Zwirn durchziehen. Eine Aufhängeschlaufe bilden. Das Tuch um den Ballon schlagen und unten eventuell mit einer weißen Kordel abbinden.

5. Die Gespenster an der Decke z. B. mit Reißzwecken befestigen.

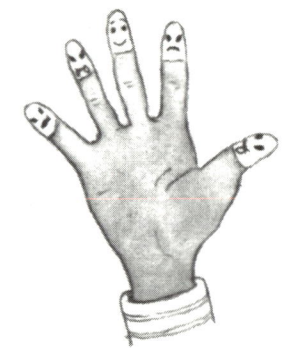

FINGERSPIEL VON DEN FÜNF GESPENSTERN

Fünf Gespenster, fünf Gespenster
hocken heut vor meinem Fenster.
Das erste *(Daumen)* klopft ganz kräftig an.
Ob ich heut bei dir spuken kann?
Das zweite schreit ganz laut: „Hu hu,
ihr kriegt heut nacht gar keine Ruh!"
Das dritte will den Tanz beginnen
hoch auf den steilen Mauerzinnen.
Das vierte ruft: „Ich weck' die Eulen,
die solln die ganze Nacht laut heulen!"
Das fünfte, das kleinste, schaut auf die Uhr:
„Zu Ende ist die Gespenstertour!
Wir flattern aus dem Fenster raus,
die Geisterstunde, die ist aus.
Wir gehn jetzt schlafen hoch oben im Schloß,
und morgen geht's von vorne los."

Die fünf Fingerspitzen mit weißer Fingerfarbe anmalen und mit dunklem Filzstift Augen und Mund hineinsetzen. Nun die Finger nacheinander hochstrecken. Am Schluß die Hand wieder zur Faust schließen.

LUSTIG IST DAS GESPENSTERLEBEN

Nach der Melodie „Lustig ist das Zigeuner-leben" singen wir:

Lustig ist das Gespensterleben,
hui und hui und ho.
Ach, was kann es wohl Schönres geben,
hui und hui und ho.
Schweben wir hoch im wilden Sturm
in dem dunklen Gespensterturm,
hui und hui, hui und hui,
hui und hui und ho.

Lustig ist das Gespensterleben,
hui und hui und ho.
Ach, was kann es wohl Schönres geben,
hui und hui und ho.
Sind um zwölf Uhr wir erwacht,
spuken wir zur Mitternacht,
hui und hui, hui und hui,
hui und hui und ho.

Lustig ist das Gespensterleben,
hui und hui und ho.
Ach, was kann es wohl Schönres geben,
hui und hui und ho.
Eule, Kauz und Fledermaus,
spuken mit im Geisterhaus,
hui und hui, hui und hui,
hui und hui und ho.

Lustig ist das Gespensterleben,
hui und hui und ho.
Ach, was kann es wohl Schönres geben,
hui und hui und ho.
Horcht, wir rasseln und stöhnen hier,
klopfen den Rittern ans Visier,
hui und hui, hui und hui,
hui und hui und ho.

Lustig ist das Gespensterleben,
hui und hui und ho.
Ach, was kann es wohl Schönres geben,
hui und hui und ho.
Schließ nur feste deine Tür,
morgen spuken wir auch bei dir!
Hui und hui, hui und hui,
hui und hui und ho.

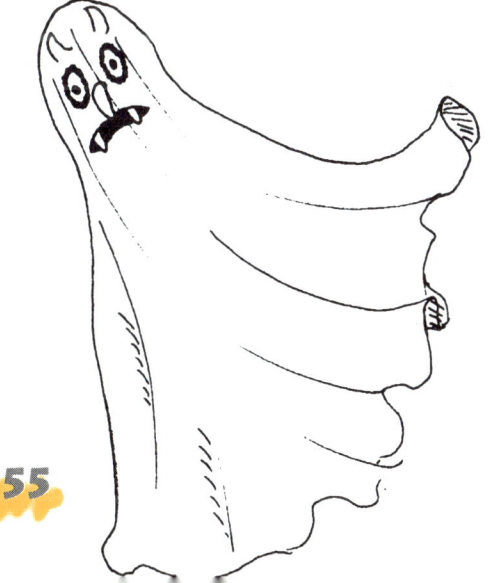

GESPENSTERFEST

GESPENSTERSONG

Bei diesem Gespenstersong, der auf die Melodie „Zehn kleine Negerlein" gesungen wird, verschwinden zunächst nacheinander die Gespenster, verstecken sich im Raum und schweben am Schluß zum Gespenstertanz alle wieder herbei.

Habt ihr elf Gespensterchen
am Kirchturm heut gesehn?
Die Eule hat sie so erschreckt,
da waren's nur noch zehn.

Seht die zehn Gespensterchen,
die schweben durch den Wald.
Das eine schreit: „Nein, ich hau' ab,
mir ist im Nachthemd kalt!"

Hört die neun Gespensterchen
im Schloß um Mitternacht.
Das eine heult: „Ihr macht so Krach!"
Hat sich davongemacht.

Hört die acht Gespensterchen,
die tobten rum wie toll.
Das eine brüllt: „Seid ihr verrückt?
Ich hab' die Nase voll!"

Seht die sieben Gespensterchen,
die tanzten mit der Hex.
Dann tranken sie vom Zauberschnaps,
da waren's nur noch sechs.

Seht die sechs Gespensterchen,
die tanzten ohne Strümpf.
Das eine hat sich's Bein verstaucht,
da waren's nur noch fünf.

Seht die fünf Gespensterchen
dort vor der Kellertür.
Das eine klemmte sich die Nas',
da waren's nur noch vier.

Seht die vier Gespensterchen,
die aßen Hexenbrei,
mit Schlangenhaut und Rattenschwanz,
da waren's nur noch drei.

Seht die drei Gespensterchen,
die tobten wild im Heu.
Das eine hat die Katz erwischt,
da waren's nur noch zwei.

Seht die zwei Gespensterchen,
die trommeln — hipp — hurra!
Kommt schnell aus allen Ecken her,
hui — war'n sie wieder da!

Seht die elf Gespensterchen
im Schloß um Mitternacht.
Tanzt alle mit bis morgen früh,
heut wird Klamauk gemacht.

GESPENSTER ERKENNEN

Gespenster haben Namen, an denen sie zu erkennen und zu unterscheiden sind. Diese Namen werden nicht gerufen, sondern rhythmisch dargestellt durch Klatschen, Patschen, Stampfen, Schnalzen, Pfeifen, Summen und so weiter!

Das Gespenst, das mit einem durchsichtigen Tuch behängt ist, hält sich hinter einer aufgespannten Wolldecke, Faltwand oder einem größeren Karton versteckt. Es verrät seinen Namen erst, wenn die Gruppe es darum bittet:

„Gespensterkind, wir warten schon,
wann kommt dein Gespensterton?"
oder:
„Gespensterkind, Gespensterkind,
wir woll'n dich hören, jetzt geschwind!"

Das Gespenst gibt rhythmisch seinen Namen bekannt. Die Gruppe kann das Gespenst bei seinem Namen rufen, z. B. Klatschgespenst, wonach es erscheint und ein neues Gespenst auswählt. Dazu rufen die Kinder:

„Gespensterkind, ja, wir sind schlau,
wir machen alles nach genau.
Das war doch gar nicht schwer,
komm endlich zu uns her!
Such dir ein neues Gespensterkind,
damit das Spiel von vorn beginnt."

(U. Weber)

Anmerkung: Die Gruppe sollte schon über Erfahrungen im Gestalten von Rhythmen verfügen.

GESPENSTERSPIEL

Einige Kinder halten ein Bettlaken oder ein großes Stück Store rundherum fest, und andere Kinder hocken sich darunter. Das Tuch wird über den Kindern auf- und abbewegt. Die Kinder unter dem Tuch rufen: „Hui, hui, huu ...!" *Zuerst ganz leise, dann immer lauter werdend (fünfmal). Beim letzten Ruf springen die Kinder auf und stoßen das Tuch nach oben.*

MITTERNACHTSSCHMAUS

ZUTATEN

8 bis 10 Äpfel
1/2 l Wasser
5 Eßlöffel Ursüße
Saft einer Zitrone
etwas Vanille
250 g Reis
100 g Quark
1/2 l Milch
4 Eiweiß
4 Eigelb
4 Eßlöffel Ursüße für den Eischnee
4 Eßlöffel rote Marmelade

SO WIRD´S GEMACHT

1. Die Äpfel schälen und mit einem Apfelbohrer das Kerngehäuse ausstechen.

2. Das Wasser, die Ursüße und den Zitronensaft zum Kochen bringen und die Äpfel darin vorsichtig halbgar dämpfen. Sie dürfen nicht zerfallen!

3. Den Reis in das Apfelwasser geben und quellen lassen.

4. Heiße Milch hinzufügen und den Reis bei schwacher Hitze ausquellen lassen, bis er weich ist.

5. Eine große oder zwei mittelgroße Auflaufformen gut ausfetten.

6. Das Eiweiß steif schlagen und die Ursüße darunterziehen.

7. Den Reis mit Vanille, Quark und Eigelb vermischen. Das Eiweiß vorsichtig unterheben, nicht verrühren. Alles in die Form füllen.

8. Die Äpfel mit Marmelade füllen und oben darauflegen. Sie sinken etwas ein, so daß die „Gespenster" gerade noch herauschauen.

9. Den Auflauf bei geschlossenem Deckel bei 200°C 30 bis 45 Minuten backen.

SÜSSE GESPENSTERHAPPEN

ZUTATEN

100 g Haferflocken
75 g Weizenflocken
60 g Rosinen
60 g Walnüsse, gehackt
100 g flüssiger Honig,
100 g Nußmus
100 g ganze Walnüsse

SO WIRD´S GEMACHT

1. Die Flocken mit den anderen Zutaten verkneten.

2. Kugeln formen und jeweils eine Walnuß hineindrücken.

WEISSE GESPENSTERSUPPE

ZUTATEN

1 l Milch
80 g Gerstengraupen
Schale einer unbehandelten Zitrone
2 Eßlöffel Honig
125 ml Schlagsahne
Vanille
3 Eßlöffel gehackte Haselnüsse oder
Walnüsse
250 g rote Beeren, z. B. Johannisbeeren
oder Himbeeren etc.

SO WIRD´S GEMACHT

1. Die Graupen wie auf der Packung
   angegeben einige Stunden in Wasser
   einweichen, dann das Wasser ab-
   gießen.

2. Milch und Zitronenschale in einen
   Kochtopf geben, Graupen hinzufügen
   und aufkochen lassen. Bei schwacher
   Hitze eine halbe Stunde garen. Ab
   und zu umrühren. Danach abkühlen
   lassen.

3. Honig, Vanille und Sahne einrühren
   und die Suppe im Kühlschrank kaltstel-
   len.

4. Die Beeren kurz vor dem Servieren in
   die Suppe geben.

5. Die gehackten Hasel- oder Walnüsse
   leicht anrösten und über die weiße
   Suppe streuen.

GESPENSTER

ZUTATEN

mehrere Pakete tiefge-
frorener Blätterteig
(mit Backanleitung)
zum Verzieren Rosinen,
Liebesperlen,
Zuckerschriftfarben
Puderzucker

SO WIRD´S GEMACHT

1. Den aufgetauten Blätterteig ausrollen.

2. Mit dem Messer Gespenster ausschneiden.

3. Wie beschrieben backen.

4. Danach den Gespenstern mit
   Zuckerschriftfarbe, Rosinen oder
   Liebesperlen Augen geben.

5. Die Gespenster mit Puderzucker weiß
   bestäuben. Die Augen eventuell von
   Puderzucker befreien.

GESPENSTERFEST

Abenteuer auf hoher See
und mitten in der Prärie

ISBN 3-451-26207-X

Der Sommer ist die ideale Zeit für Spiele und Abenteuer im und am Wasser. Welches Kind denkt da nicht gleich an Piraten, einsame Inseln und prallvolle Schatzkisten? „Piraten-Sommer" bietet ErzieherInnen und Eltern eine Fülle von Ideen für eine lange, spannende Sommerzeit . . .

ISBN 3-451-26206-1

Welches Kind würde nicht gerne Indianer sein? Was spricht also dagegen, einmal einen ganzen Frühling lang mit diesem Thema zu spielen?
Ein prallvolles Ideenbuch, das jede Menge Stoff bietet für einen gelungenen Indianer-Frühling.

Jeweils 128 Seiten, Paperback, zweifarbig, mit s/w-Fotos und zahlreichen Illustrationen von Gertrud Schrör sowie Liedern von Ulrich Maske.

Im Buchhandel erhältlich!

HERDER